U0099889

肖軍 著

快速加入職場勝利組！

一書學會46個上班必修EQ術

萬里機構

目錄 Contents

Chapter 1 人在職場混，情商很重要

Chapter 2 情商高的人，都有謙遜的心態

Chapter 3 你該好好修煉的那些職場情商

Chapter 4 提高職場情商你需要知道的方法

Chapter 5 情商高的人，都懂得提升競爭優勢

初入職場，想要得到好的發展，首先一定要學會對自身工作進行定位，選擇適合自己的職業發展方向，如果你連自己適合做甚麼都弄不清楚，那麼必然會充滿迷茫。職場有職場的規則，想要在職場上站穩腳跟，一定要學會適應相應的規則，然後腳踏實地地將每一項工作做好。如此你才能走得更穩。

CHAPTER 1

人在職場混，情商很重要

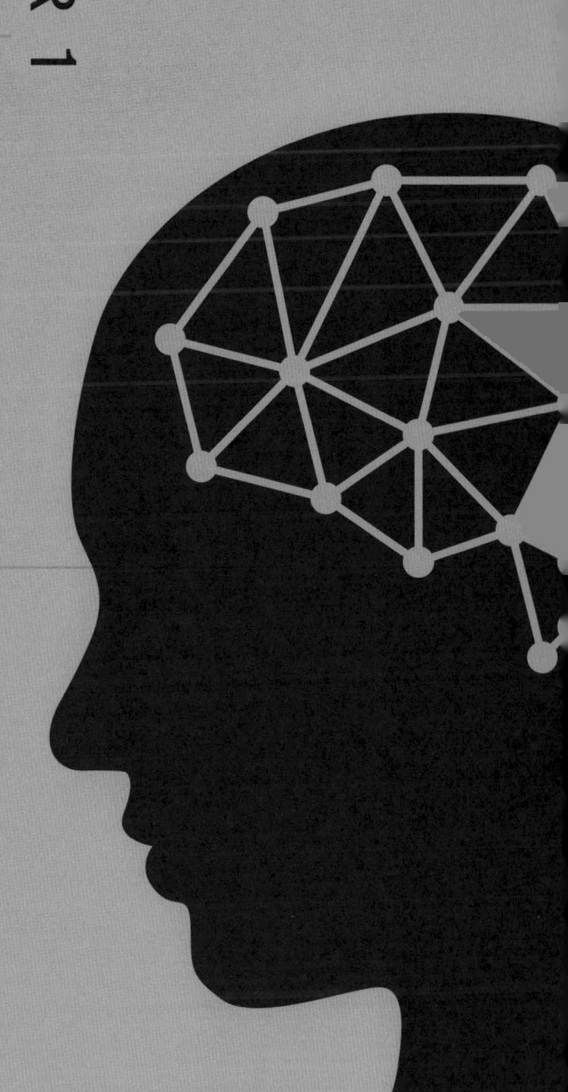

01

有明確的職業規劃，才能掌握主動權

阿晴是一名剛畢業不久的大學生，因為幾年前得知精通英語的職場人士普遍吃香，所以大學時她也主修了英語這門課程。

她畢業進入大公司實習之後才發現精通英語的同齡人到處都是，在就業形式如此嚴峻的情況下，阿晴權衡了自己的所長，發現沒有任何的就業優勢。

阿晴很迷茫，不知道以後要幹甚麼，索性便辭掉了原有的工作在家待了兩個月。

很多人都明白「過好當下」這個道理，而真正能夠做到這一點的人卻並不多，尤其是對於很多應屆畢業生來說，他們眼光出奇地高，非大公司不去，非高薪不幹，一心想着做高層，絲毫不切合自身的情況及能力考慮問題，從而陷入迷茫的狀態。

美國前總統老布殊曾在某所學校做演講的時候說：「比確定一份工作更重要的是，

你需要知道你適合做甚麼樣的工作，甚麼樣的工作更適合你。只有將這份工作腳踏實地慢慢做好，甚至做得比別人更好，你才能夠永不失業。」

步入職場，一定要先學會找到一份適合自己的工作，這樣才能更好地去找尋適合自己的職業發展方向。

接下來我們就來說一說在職場中如何才能更好地給自己定位。

一　對專業能力深耕，讓其成為你發展的硬實力

從字面意思不難理解何為專業能力。專業能力即你在最擅長領域所具有的能力，也可以說是適合你職場發展的能力。

拿應屆生阿晴的例子來說，阿晴學的是英語專業，這個專業目前來說發展行情還是挺不錯的，只不過她沒有認真分析其發展優勢罷了，她只是片面地以為在大公司裏自己一無是處。撇開大公司等因素，深耕自己的專業能力這些問題可能就迎刃而解了。

舉個實際的例子，有一位朋友，大學還未畢業，他學的也是英語專業，不同的是他能利用業餘時間掙得不錯的收入。收入來源有兩個：一是當英語私教，二是依靠網絡開基礎英語培訓班。

很多時候，並不是你選的專業不對，而是你沒有發掘出你所選專業的發展方向。

英語專業有着不錯的前景和機會，你可以給人當私教，也可以在專業的外語培訓學校去教學生，甚至可以自己開創培訓班，這些都是不錯的發展定位。

深耕專業能力也是如此，你學的是甚麼就深入研究、學習，然後找到相應的管道，讓自己的長處得到發展。只有這樣，你的才能才會發揮出來。

二 根據你的興趣愛好選擇職業發展方向

這一點很多人都無法做到，但做到的人都過得很自在逍遙。

很多喜歡寫文章的朋友利用業餘時間做自媒體，一不小心就成了網紅，收入很可觀，遠遠超過工資收入。對於這類型的朋友來說，上不上班都無所謂，即使不上班，也有收入來源，這就是興趣愛好的力量。

還有的朋友喜歡修車，於是去學了幾年，雖然這工作又髒又累，但最終辦起了多家汽車修理廠，這也是成就。

舉以上例子，只想說明一點，**任何與興趣愛好有關的職業，只要切合實際，都有可能讓你開闢出一條理想的職業之路。**

所以，如果你有業餘時間，那麼請好好培養你的興趣愛好，說不定它就成了你的第二職業。

三 綜合自身能力，擇優選擇

很多人其實都有隱藏的天賦，只是沒有適時發揮出來，或者說並沒有察覺出來。

一位侍應是如何成為一名銷售精英的？這是一個值得學習和借鑑的故事。

可能很多朋友會有這樣的疑問，不就是侍應工作嘛，怎麼與銷售扯上聯繫了？

一般侍應在給客人預定位置的時候通常只會考慮對方人數、菜單，或者一些特殊要求。而這位前台接待人員知道如何與來店訂餐的客人談利潤較高的菜單。她會根據不同的人群給他們推薦適合的菜單，而並非一味地將所有不同價位的功能表提供給客人選擇。後者是將主動權掌握在自己手中，前者是將主動權交給客戶，可想而知，最終銷售額就會有所區別。

所以，無論你從事甚麼工作崗位，一定要學會發現自己的特長與優勢。很多工作並不是單一的存在，而是大有可為。你覺得自己最擅長甚麼就做甚麼，這樣有利於你在職場中充分發揮才能。

並不是所有的上司都懂得發現下屬的特點和特長，並將其放在合適的崗位上。雖然有時候上司會發現你的長處，但總之相比，懂得自己展示長處更為妥當。主動權掌握在自己手裏，遠遠比掌握在別人手裏更好。

職場實用指南

工作中只有將個人才能發揮到最大化，才能收穫更好的成績，才能讓自己的職業之路走得順暢。在這之前，無論你是職場新人還是老手，一定要學會對所從事的行業進行定位，選擇好職業發展方向，然後進行領域內的深耕，這樣，主動權才能掌握在你自己手裏。

02 不要眼高手低，工作要腳踏實地

古語有云：「細節決定成敗。」對於職場中沒有任何經驗的新手來說，一定要明白這些道理。

一 職場如戰場，小事做不好何以「開疆拓土」

誰都想一口吃成胖子，但前提是你要有胃口吃得下去，吃不下去就只能兜着走，害人害己。

美國著名勵志大師卡耐基曾説過：「人人都想做大事，但在這之前一定要先學會做好每一件相關的小事。」先做好工作中的每一件小事，才有做大事的機會，如果連小事都做不好，上司又怎麼可能相信你能勝任更重要的工作職位？

對於剛步入職場的新手來說，一定不要異想天開，先做好上司交辦給你的每一件事情，獲得了上司的信任和學到了經驗之後才能有所進步，才能有所提升。

一個眼高手低的人，是無法取得老闆的信任的，因為在他們眼裏，這就是思想不成熟的表現。有遠大志向是件好事，但現實往往很骨感，若沒有過人之處，開口閉口就是發財致富、升職加薪，無異於成天渴望着有餡餅從天上落下來砸中你。這是個講究本事與經驗的時代，如果你沒有任何閱歷累積，只懂得紙上談兵，那麼建議你放空一下浮躁的內心，腳踏實地一步一個腳印地走。

二 虛心學習，而不是驕傲自滿

有很多人敗在了目空一切、驕傲自滿上，因為自己是某某名牌大學的高材生，某某知名企業的得力將領，就認為身邊的同事都不如自己，愚昧地認為老闆眼光差，其實事實並非如此。

職場中衡量一個人是否厲害的標準大抵離不開這兩種：一是成果，二是效益。

當你沒有做出任何過人的成果與效益之前，你更應該虛心學習，請教那些比你業績高的同事，學以致用，最終讓你所做出的成績替你說話。

三 高待遇的砝碼，你要弄清楚是甚麼

有些人整天琢磨着要做大事，想着「不鳴則已，一鳴驚人」。但到頭來，又有多少人能夠一鳴驚人？大多浪費了時光，到頭來一事無成。

不知你有沒有觀察過你身邊那些有成就之人，他們身上都有甚麼發光點，所謂發光點就是甚麼造就了他的今天。

馬雲創辦阿里巴巴之時，只有他團隊內的十多個人相信他，很多人說他是「騙子」，現如今馬雲成為了眾人皆知的商業大亨，他最終以阿里巴巴的價值證明了自己，所有的成功都是不斷努力和堅持的結果。

同樣的道理，你如果在職場上能創造不菲的價值，能為你所在的工作單位盈利，那麼你也會得到相應的尊重和待遇保障。

職場實用指南

毫無疑問，有很多剛剛入職的新人都希望自己的起點能高一點，掙錢能多一點。這種想法並沒有錯，但結合現實而言，即使你學歷再高，想法再好，如果不懂得做好一件小事的重要性，那麼上司又怎麼敢讓你擔任更重要的工作職位。

03 職場新人必知的工作指南

對於職場新人來說，「規矩」這個詞一點都不陌生。因為大多數新人都是從學校剛步入社會，在學校裏受到校規的薰陶，大多都明白「沒有規矩，不成方圓」。職場也是如此，有很多規矩，這些規矩不是針對某個人，而是在職的所有員工，這裏特別要提醒那些剛步入職場的人士，一定要牢記與遵守職場以下五大規則：

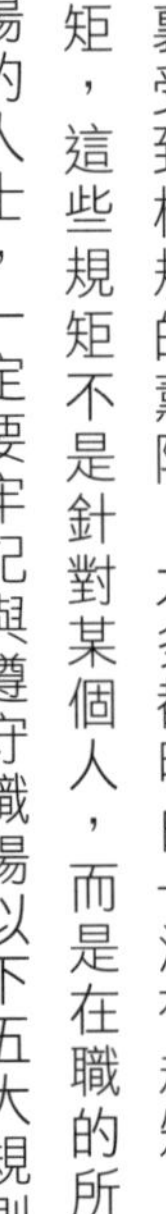

一 要遵守公司制度，所有紅線不要去觸碰

著名管理學大師德魯克曾說過：「制度就如同一把尺規，既是公平的一種體現，又能更好地約束員工的所作所為。」每個公司都有不同的制度，這些制度「存在即合理」，也就直接告知公司的每位員工做事要有尺度。阿玲在一家銷售公司已工作兩個月了，但是她還沒有摒棄掉自由散漫的習慣，時不時遲到。這家公司是打卡制，阿玲

為了逃避罰款，提前把考勤卡交給了要好的同事，讓同事代打，但是她的自作聰明最終還是被揭穿了。

有一天，阿玲的上司因事找遍公司的角落也沒有找到她，後來經過多方面了解，上司發現她經常違規，很多時候同事也看不到她，一怒之下便將她開除。代替阿玲打考勤卡的那位同事，也受到了相應的處罰。

在工作中，要有始有終，遵守職場規則，不要逾越規則底線。據我所知，很多員工會動用上班時間做一些不在工作範圍之內的事，比如躲着打遊戲、聊天、偷偷出去辦私事。這樣的員工，一旦被公司管理人員發現，往往會被口頭教育，並且會被懲罰，還會給上司留下不好的印象。

二 不要為畢業文憑沾沾自喜

現在很多職場新人，最愛犯的錯誤就是：因為高學歷，高文憑，剛進入職場，總覺得自己會得到上司重用，工資也一定不菲。如果你這樣想，那麼就大錯特錯了。老闆最終只認你一點，是否做出成績。如果沒有做出成績，那麼不管你文憑多高都沒有多大用處。**學歷本身不能給公司帶來效益，業績都是靠努力拼搏出來的。**

聽一位公司老總提到，由於目前的市場發展前景不是太好，在他們董事會的一致認同下，決定採取末位淘汰制，對現有員工進行精簡。

聽到這個消息後，我很詫異，因為他們公司用的都是本科文憑以上的員工，這也就意味着他們公司有很大部分高學歷之人即將失業。這也間接説明學歷的高低雖然是塊敲門磚，但由於這類高學歷人才現在太多，競爭壓力太大，他們早已經沒有以前那麼備受青睞了。

所以，忘記自己的身份、文憑，腳踏實地工作，才最可靠。

三 面對考驗，要沉穩不亂

對於職場新人來説，上司想要知道你的實力有多強，就會給你一系列的考驗。

阿靜是一名本科畢業生，最初來到公司的時候説話有些狂妄自大，一副甚麼事都能搞定的樣子。連帶她的師傅，有時都被氣得無話可説。

有一次，上司給阿靜分配了一個任務，讓她在一個星期之內搞定三個客戶，她隨口説道：「莫説三個，多幾個也行。」

兩天過去了，阿靜一副垂頭喪氣的樣子，她找到上司說：「這事做不好，客戶脾氣太怪，幾次都敗下陣來。」上司笑了笑，說道：「以後還是謙虛點好，看你這樣子，一點都不淡定，這才兩天就這麼沒信心了。」

工作中，上司會經常給員工分配任務，作為員工，一定要認真對待上司分配給你的每一項工作。無論分配給你的工作是否合理，你是否能夠完成，都要沉穩不亂。不要遇到一點困難、一點打擊就承受不了，就想着退縮，否則，上司怎麼對你委以重任？

四 不要經常發牢騷，不要將負面情緒帶到工作中

許多人經常會因為心裏不爽、情緒低落而喪失工作激情，脾氣大增。這大概是每個職場人的通病。很多職場人士會說，有情緒這很正常，誰能天天做到無憂無慮？但一定要明白這樣一個道理，工作的地方是你做出成績的地方，不是你宣洩情緒出氣的地方。作為公司的一分子，誰都有營造良好工作氛圍的義務，帶着情緒與發牢騷，不僅會影響自己的工作，還會嚴重影響到周圍的同事，更會讓你在上司心目中的形象大打折扣。

五 愛護自己的名譽，尊重別人，尊重自己

無可否認，現在的社會越來越開放，很多人口無禁忌，還亂開玩笑。殊不知，這是職場的大忌。

不管和甚麼人說話，都盡量不要說不文明的話。同事之間開玩笑，要分清楚場合和時機，很多人不懂得彼此尊重，隨便開玩笑，搞不清楚場合，有時還會動手動腳，這樣看着雖是一片和諧，但實際上危機四伏。任何玩笑只要無底線，那麼有辱團隊風氣的事遲早會發生。

所以，在職場中，一定要懂得尊重別人，尊重自己，懂得距離產生美。

最後一點，既然選擇了在一家公司上班，那麼上班期間一定要愛護公司的所有物品，只有把公司當成是自己的來做，你的職場之路才會越走越遠。

職場實用指南

俗話說「沒有規矩，不成方圓。」除公司的各項規章制度必須遵守之外，職場新人的這幾條紅線千萬不要去觸碰，否則自身發展定會受到阻礙。

04 與其抱怨，不如尋找自身的不足

阿賢，九十後，前一個月被公司辭退。他平時工作狀態很好，積極主動，雖然沒有創造出多少成績，但認真對待工作，不敢有絲毫的懈怠。他被辭退的原因很簡單，公司因業務需要，縮小發展規模，需要淘汰一些人，然而淘汰機制正是採用績效模式。阿賢因為業績不佳，最終被淘汰。被辭退之後，他找到我訴苦，抱怨這家公司過河拆橋，沒有人性。說他在這個工作崗位待了三年，浪費了大好的青春。

阿何，某公司銷售人員。他也是被公司裁員，原因很簡單，因為他不善言辭，接觸的客戶較少，為公司盈利較少。他不能理解的是，之前幾個月在公司加班加點地配合其他同事完成工作，上司難道都沒看到嗎？公司的無情讓他有些難以接受。

說實話，聽了他們的傾訴之後我很難過，難過的不是因為他們被人無情地裁掉，而是因為他們對於職場的認知能力太淺。公司用人的目的就是希望能為其創造價值，

沒有創造出滿意的價值，就算再多的苦勞也是白勞。

很多職場人士都有一顆玻璃心，認為對待工作沒有功勞也有苦勞，其實這些都是哄騙小孩的。職場不信這一套，真實的職場就是，沒有創造出價值，你的努力一文不值。

馬雲曾經說過：「老闆與員工的關係本就牽扯着平衡利益，你若不能為公司創造出有利的價值，那麼你所有的努力依舊是一文不值。」在這個只看結果的職場現實之中，你還在天真地以為你曾經艱辛地付出、與毫無保留的付出青春是應該有所得，有這種想法真的是愚不可及。

作為職場人士，一定要記住這樣一句話，**價值才是檢驗工作是否合格的唯一標準，你能為公司創造出多大利益，你就會得到多少收益。**

我們身邊總有這樣一類人，他們明明技不如人或者只是空有滿腔熱血，卻極度不滿身邊那些比他過得好的。他們看到別人家庭條件比自己好，便怨自己沒能生在一個大富之家。看到別人職場之路步步高升，便怨上司識人不清。

殊不知，別人風光的背後，曾經付出了多少艱辛。即使別人是富二代，他的長輩們在風光之前，一定也經歷過不少滄桑坎坷；這一切也都是他努力或者他家人努力的結果。別人能升職加薪，並不是因為他運氣好或者其他原因，而是他努力做出的成績值得上司的信任與栽培。

你應該摸着良心問問自己，在工作上是否做到了全力以赴，對於事業的追求是否全力以赴了？如果你從沒有這樣努力過，那麼你也沒有甚麼好抱怨的，因為你不曾努力付出，沒有理想的收穫，也在情理之中。

職場其實就是個優勝劣汰的地方，優秀的入從來不會害怕被取代，因為他們跑得比較快。而那些容易被取代的人，想要更好地在職場中生存下去，就一定要學會奔跑，學會尋找自身的不足之處並對其進行提升。不然，當上司發現你工作能力不如別人之時，不裁你又裁誰！

懂得自我反省、自我檢討，
才能塑造有底氣的人生。

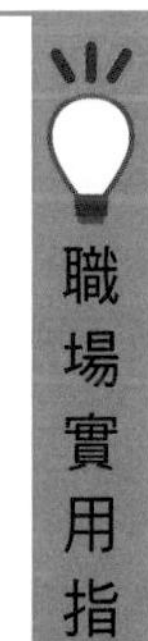

職場實用指南

那些喜歡抱怨的人往往會經歷人生的滑鐵盧，因為在他們心裏，即使技不如人也會覺得自己與別人沒有太大的差距，即使做錯了也會覺得自己並沒有做錯甚麼，最終，不能正確地看待問題，往往只會將自己推向失敗的邊緣。

05

本事再大，也要學會收斂「脾氣」

一位廚師，他炒的菜味道很好，銷量很高，很多常客到這家餐廳用餐的時候都會點名讓他炒，也正是因為他在炒菜方面的優勢；雖然他做的是普通廚師，拿的卻是廚師長的工資，有很多餐飲企業都想要將他高薪聘請過去。不僅如此，他更拿手的本事是新菜品的開發。這一點對於一家餐廳來說至關重要。

按理來說，他這麼有本事的大廚，不應該只是炒菜與開發新菜品，應該可以上升到更高的崗位，得到更好的待遇。

原來阻礙他發展的，不是競爭對手的強勁，而是他的壞脾氣。在這家餐廳裏面，沒有廚師炒出來的菜比他炒出來的銷量好，但他的壞脾氣卻害了他。跟他一起合作開發新菜的很多廚師，經常因為細節沒有控制好，被他罵得抬不起頭，後來這些廚師都受不了他的脾氣而主動提出調職或者離職。

因為脾氣這事，廚師長也找他談過多次，讓他盡量克制，也曾透露出，公司如果不是看在他炒菜手藝好的分上，早就將他開除了。不僅廚師長找他談過，就連餐廳的老闆都曾對他這樣說過：「如果你脾氣能改，行政總廚的位置就是你的了。」

廚師朋友也經常為了他的壞脾氣而揪心，但對於他來說，要想改掉壞脾氣談何容易，已經養成了幾十年，根深蒂固了。所以，最終他選擇了待在炒菜的崗位，也沒有為了得到更好的晉升空間而改自己的脾氣。不是他不想改，而是他覺得改性格真的是很痛苦的一件事，最終也就沒有堅持下來。

這位廚師如果沒有這麼大的脾氣，得到的一定會更多。因為他的職場競爭能力，早已經超出了很多同行業的師兄弟，能力愈強，自然機會也就愈多。可惜的是，他最後被脾氣給耽誤了，失去了很多利於前途發展的大好機會。

海拉里特斯曾說過：「一個人失敗的原因，在於本身性格的缺點，與環境無關。」

無論你是在生活中，還是在職場中，如果不能改變自身性格的缺點，往往容易被這些缺點所影響，最終阻礙自身的發展。

據說，美國政治家佛蘭克林，年輕的時候就是一個非常有本事的人，但那時的他，脾氣非常大，總喜歡同人辯論，對於別人的錯誤更是不能容忍。有很多次，他的合作夥伴因為不能接受他的脾氣而選擇了離開他。後來，他了解到自身的缺點，便學會了收斂自己的脾氣，一改喜歡與人辯論的作風。最終他的成就眾所周知。

由此可見，擁有好脾氣是多麼重要。

進化心理學觀點認為：「我們人類脾氣的產生來源於情緒，歸根結底都是為了保護我們自身，使我們能夠更好地生存，適應環境。」不難看出，每個人生來都有類似的弱點，一個人之所以會生氣，會發脾氣大多是因為感受到自身的利益受到威脅，或者是被別人戳到痛點，就如同別人說你不是之時你會反駁一樣。

職場實用指南

對於職場人士來說，每天都會與合作夥伴、上司、同事、下屬打交道，在工作期間不可能所有事情都稱心如意，會遇到各種各樣的難題，如果不能掌控好自己的脾氣，那麼一定會給自己的工作造成很多不必要的阻礙。

06 別讓職場「偽」社交耽誤你成長

曾經收到這樣一個留言：

「您好！我是一名剛踏入職場半年的新人，在大學時期，經常聽見別人說，這個社會只要有關係、有路就好行走，也就是所謂的人脈即錢脈。後來踏入職場後，為了少走彎路，我花光了所有的積蓄請身邊的上司與大部分同事吃飯、玩耍，即使工作再累，為了維持與同事之間的友誼，經常會參加他們的娛樂活動。不僅如此，我還在網絡上認識了一些同行業精英，並付錢參加了他們的工作培訓活動。但是，幾個月過去了，我不僅甚麼都沒有得到，還感覺身心疲憊，我該怎麼辦？」

看了這位朋友的留言，其實從人際交往學這方面來講，他這種主動尋求人脈的意識確實很不錯，懂得主動去結交朋友自然是一件好事，俗話說「多個朋友多條路」，以後遇到問題還真能夠對自己有用。但從「無用社交」法則與「廢棄社交」法則的層面來講，他所選擇的維持人脈與社交的方式並不合理，原因如下：

一、太過盲從，分不清有用社交與無用社交。這位朋友花光了所有的積蓄，實屬於無用的社交，同事即使厲害也只能在工作中給予你幫助與支援，俗話說「鐵打的營盤流水的兵」，對於同事來說，隨時都有離開公司的可能。想要與他們建立好的關係，其實平常對其給予一些小恩小惠，完全都可以達到社交目的。最關鍵的是他手裏的積蓄並不多，這時候盲目去社交，無異於給自己施加壓力。

二、人際交往遵循「禮尚往來」法則，而非單方面的樂此不疲。實際上，任何單方面的付出，都不會給自己帶來太大的益處，相反還會給自己徒增很多負擔與過多的消耗。自古以來，人際交往都遵循「禮尚往來」的法則，這裏的「禮尚往來」並非是要得到別人物質性的東西，換言之也就是我對你好，如果你不能對我好，那麼就適可而止。運用到職場中亦是如此，除了對待上司之外，對待普通同事，一定要懂得適可而止，給對方一個對你好的機會。

三、結交的出發點太過功利，人際交往的過程實則也是彼此相互信任的過程。任何好的人脈，都是經過時間沉澱而來的，這位留言的朋友，結交朋友的出發點太過功利，太過於急切，太渴求回報，卻恰恰疏忽了人際交往最重要的一個環節，即人與人都有個彼此了解，彼此放下戒備，逐漸對其產生信任的過程，這個過程恰恰需要時間來衡量。

讓你為一個剛認識不久，不怎麼熟悉的人提供一個非常不錯的就業機會，你會不會為其提供？顯而易見，很多人不會。即使對方能力很強，你一定也會猶豫，因為你不清楚對方的人品如何，又怎會放心對方能完全勝任這份工作，且不會辜負你的所望？

眾所周知，無論是生活中還是在職場中，如果能擁有一個好的人脈關係，不僅能讓人少走很多的彎路，甚至能完全改變一個人的人生軌跡。於是很多人為了得到優質的人脈，想方設法盲目去結交自認為能幫助到自己的人士，依靠人脈，徹底蛻變的人不在少數，但是消耗金錢且花費了過多的精力，最終一無所成者也不在少數。

那麼究竟該如何才能在職場中得到優質的人脈？以下五點也許對你有用：

一　沉下心來，主動向比你優秀的同事學習

學生時期，我們可能都深知這樣一個道理，想要繪畫好看，前期就一定要學會模仿那些漂亮的畫作。想要字寫的漂亮，最捷徑的方式，就是在圖書館挑選兩本你喜歡的字帖，對其臨摹並記住筆畫，然後才能更容易寫出一手漂亮字。其實在職場中也是一樣，所謂「三人行，必有我師焉」，在一個團隊中，即使你自認為自己很優秀，其

實也有不擅長的地方。這時候一定要學會沉下心來，勇於發現同事身上強於你的優點，並主動走近他們，虛心向他們學習。

一個懂得謙虛且擅於學習的人，想要深入結交比自己厲害的同事，其實相對比較容易。人都喜歡被認可，你只要能對其真誠地表達認可，就撕下了對方第一層防禦的面紗，一旦消除對方的防禦之心後，一定會得到真誠的對待。

二 真誠待人，給對方溫暖，多溝通交流，以此獲得對方信任

阿和是一位銷售人員，他厲害之處不僅在於他推銷產品的突出能力，而且他無論是與身邊上司、同事，還是與客戶的交往之中展示出來的交際能力，也讓人佩服不已。

普通銷售人員，為了在短時間內俘獲客戶的心，取得顧客的信任，可能會做出一些很暖心的舉動，但即使這種舉動當時能感動客戶，也不可能長久延續，一旦此銷售人員脫離這個行業或者離開這家銷售公司可能就會失去這些客戶。阿和的厲害之處不僅僅在於他能成功俘獲客戶的心，還能更深層次的與他們成為很好的朋友，他會時不時的登門拜訪客戶，會悉心為客戶準備一些小禮品，小禮品不止適用於客戶本人，還會有針對性的為客戶家人準備小禮品。

當別人問他是怎麼做到的？阿和的回答很簡單：「真誠待人，多給對方溫暖，讓對方徹底信任你。」

其實不難發現，無論與甚麼類型的人交往，想要得到對方的信任都離不開真誠；想要建立一段很好的友誼，必須要懂得如何去經營。經營友誼並不止是嘴上說說而已，最重要的是要懂得如何溫暖對方的心。試想一下，如果有人能這麼有心待你，你會不會感動，會不會對此人心生深交之意？即使你有所顧慮與猜疑，一定也會給對方一個彼此增近友誼的機會。

三　努力提升自己，你的能力就是你的通行證

努力提升自己，當別人看到你足夠優秀、足夠有能力的時候，但凡做出了成績，自然會有好的人主動來找你。你愈優秀，個人魅力也就愈大，吸引力也就愈強。

四　深層次關係的建立，從麻煩開始

一段好關係的維繫，不僅是單方面的付出，而是需要彼此長期溝通，互相促進。一個只知道單方面付出或者怕麻煩別人的人，是無法與他人建立更深層的關係的。相反，還會因為彼此交流與溝通變少，關係變得生疏。

心理學上，把這種不敢麻煩別人的情況，稱為「依賴無能」。「依賴無能者」，看起來非常獨立自主，實際上因為恥於向他人求助，內心非常脆弱孤獨。

也就是因為這種心態從中作梗，將自己硬生生推入了被動的局面，試想一下，當別人有事麻煩你的時候，你仗義地對其提供力所能及的幫助，但你從來不麻煩對方，即使對方心裏會對你心生感激之意，可能下次想麻煩你的時候也不好開口，這樣一來，彼此的關係想要更深層次地建立也就有了阻礙。

改變這種狀態最好的方式就是學會適時麻煩別人，即使在你看來你的個人能力已經遠超對方，對方根本對你提供不了甚麼幫助，你也可以挑一些對方力所能及的事情麻煩對方，這樣才不會給對方造成太大的社交壓力。

五　正視別人能為你帶來甚麼前，先思考你能為對方帶來甚麼

毫無疑問，很多人都希望能擁有一個好的人脈資源，不僅僅因為好的人脈資源能給自己帶來很多意想不到的驚喜，還因為人脈資源愈優秀，道路也就越走越寬廣。

很多朋友為了能擁有優質的人脈資源，想方設法地結識一些比自己優秀的人，主動與其建立聯繫，試圖能依靠他們的人脈資源與管道，讓自己少走彎路。殊不知，現實的人際交往中，並不像你想像得那麼單純，不是你認識的人愈多就愈厲害，最主要的，還得看你在別人眼中是一個甚麼的角色。假如你在別人眼裏就是一無是處，那麼你能真正地和對方建立起社交團？可能性不大。

職場實用指南

人與人之間的作用就如同力的作用那般是相互的，你想要從別人那裏得到甚麼，一定要思考你能為對方帶來甚麼。只有這樣，對方才能心甘情願地與你建立社交關係。

07 不要讓混日子的心態害了你

一個朋友說，他越來越不適應現今的職場發展節奏與生存方式。

我問他為甚麼突然會有這種想法？他說他目前所接觸的工作單位上司各方面要求都屬於快節奏，下達的工作任務其實也就是在搶時間，從來不會顧及員工是否能夠完成，如果完不成還得接受懲罰。不僅如此，公司每個月還會根據所謂的「績效考核」淘汰掉一部分員工，並美其名曰「優勝劣汰」，簡直讓人受不了。

聽完朋友的傾訴之後，我能理解他的不適應與難處。畢竟多年之前他所在的公司位，無論待遇還是工作飽和度，都相對令人滿意，員工體會不到何為工作壓力。最後，這家公司很快被淘汰了。朋友過慣了安於現狀的日子，後來找了很多份工作，據他自己所說都是無法適應規則而被迫離職。

那麼問題來了，歸根結底行業的競爭實則也是人才競爭，為了更好地辨識人才、篩選人才，公司也絞盡腦汁制定出一條又一條「淘汰制」、「績效考核制」方法，以此來達到去劣從優的目的。

縱觀現今的職場生存法則，很多公司為了杜絕壞蘋果定律與木桶理論所帶來的影響，通常都會採用很多有效的管理措施來實現團隊綜合水準的最大化。事實上依靠「淘汰制度」和「績效考核制度」來篩選人才的方法確實可行，不僅能激發員工的積極性，還能達到團隊利益最大化。

這些制度，如同給很多想在工作中混日子的人出了一道奧數題。混日子的心態，並非一天速成，而是日積月累的結果、與懶惰心理有密不可分的聯繫。改變這種習慣的過程，如同破繭那般痛苦，一旦蛻變，則如化繭成蝶。

職場人士，有必要採取一些措施，來適應新的職場法則：

一 制定目標任務，並為此努力奮鬥

某位管理學大師，曾做過不同層次員工個人目標制定與任務完成度的調查，調查結果如下：

高層管理者針對不同的時間段，都會給自己定一系列的目標，記錄在備忘錄或者日曆本上，方便隨時翻看。對於目標的完成進度，通常都會很滿意，也會想方設法在指定的時間內完成。

中層管理者大部分會給自己定下一系列的目標，不過這些目標實現的時間大多以半年、整年作為一個單位。制定的這些目標，只有極少數會因為其他原因而耽擱、不能如期完成，當然也有臨時改變目標與提前完成目標的情況發生。

普通員工二十人當中，可能只有一人給自己設定目標，大多都是按照上司的旨意做事。在完成上司交代的某項工作之時，大多只知道一味的去做而不懂得如何合理安排，也有的將工作堆積到最後，完全屬於「搶工型」。

其實無論是普通員工還是基層管理人員，一定要學會在工作中制定目標任務，沒有目標也就沒有奮鬥方向、相對迷茫。**目標就如同黑暗中的燈塔，具有指引方向的作用。**只懂得設定目標遠遠不夠，還應該為了完成目標而努力奮鬥，而非空口白話。

二　敢於逃離舒適區的人，才能成為人生贏家

在舒適區域內的每個人，都會感覺到很舒服，很穩定，自己很容易掌握。人只要一走出這個區域可能就會感覺到極為不適，甚至出現厭倦與排斥的現象。這就如同一個人，在職場中某個工作崗位待得太久，已經習慣了這種工作方式與環境，並且覺得這種日子過起來很舒服。當某一天危機來臨或者上司宣佈讓你換到其他崗位時，你心裏會很不情願，因為已經習慣了這種工作氛圍與規律，害怕無法勝任其他工作，缺乏勇氣，從而很有可能選擇逃避。一旦離開舒適區，置身其他環境，極有可能因不適應環境而阻礙自身的發展。

如何走出舒適區？

一　學會嘗試新鮮的事物，主動突破心理防線

很多人一旦習慣某種舒適的環境之後，便害怕離開當前的環境之後無法超越目前的自己，過得不如當前的自己。這時候一定要試着說服自己，在工作中沒有所謂的真正的安全感，也沒有所謂的穩定，即使有，也是建立在自身的成長之上的。成長最快的方式便是嘗試新鮮的事物，只有懂得愈多，底氣才會愈足。

二 正確看待成敗

不敢走出舒適區的原因之一是害怕失敗，對於很多人來說，能勝任一個崗位實則很不容易，其間經歷的很多波折，只有自己能夠體會得到。

踏入一個新的領域，新的環境與工作崗位，心有餘悸也屬正常。這樣無異於從頭再來，害怕失敗在所難免。但失敗並不可怕，可怕的是無法正視一個工作崗位背後的潛在風險。時代在進步，如果自身不學會去改變，不懂得如何打造自己，最終等待你的，可能不僅僅是失敗，而是失業。

職場實用指南

多年之前由於各行各業相對封閉，行業同質化現象較少，競爭壓力小，因此公司對員工的要求相對較低。當下，各行各業同質化傾向明顯，競爭異常激烈。公司如果不能跑在行業前頭，最終一定會被市場所淘汰。員工也是一樣，愈是混日子，愈容易被淘汰。

08 和同事交談，一定要注意這幾點

某公司每月都會評選一次優秀員工，每一次的評選，都在例會上，採取全員投票方式，公平、公正、公開，而且員工只要無遲到、無早退、無重大過失，都有參選權。

有這樣一個有趣的現象，一連幾個月下來，被評為優秀員工的，都是一位叫琴琴的員工。琴琴並沒有甚麼過人的本事，但卻在為人處世方面非常厲害，深得人心。有很多次，有人問過很多人為甚麼要選琴琴為月度優秀員工，他們的回答不外乎以下幾種：

「琴琴待人很好，很容易相處。」

「琴琴在工作中經常幫助我，在我受委屈的時候總是第一個安慰我。」

「琴琴從來不背後説人壞話，待人很真誠，工作也很積極。」

「她是一個樂於助人，能替他人着想的人，和她相處很愉快。」

不難發現，琴琴之所以一連幾個月都被評為優秀員工，並不是因為她個人的工作能力有多強，而是她深諳與同事的相處之道，懂得如何才能得到別人的信任與支援。說得直白一點也就是懂得如何俘獲人心。琴琴之所以會得到很多同事的認可不外乎以下幾個原因：

其一，她在同事需要幫助的時候積極熱心地出手相助，同事自然會對她心存感激。試想一下，當你在最需要別人幫助之時，剛好有那麼一個人，在合適的時間給予你一定的幫助，你會不會感謝對方？

其二，在同事受委屈的時候能及時出現在同事身旁，並安慰同事。我們都知道當自己在最脆弱或者最無助的時候，心裏還是很希望身邊能有陪自己的人，能有支持自己的人。琴琴的及時出現，不僅能很快建立彼此的信任度與好感，還能讓同事對她心生感激之意，從而願意向她敞開心扉。

其三，從不背後說人壞話、待人真誠、樂於助人等，都能很快地在同事心目中樹立起良好的口碑，種種跡象表明，琴琴是一個深諳職場為人處世之道的人。

一直以來，只要身在職場的朋友，都無法逃避如何正確處理同事關係這道必做題。有的朋友，可能會因為自身性格太衝動的原因而得罪身邊很多同事，最終淪為別人的眼中釘。有的朋友，可能因為不懂得如何與同事交往，最終被孤立。還有的朋友，可能因為不懂得做事應張弛有度，最終與他人成為仇敵。人生來都好面子，甚至為了維護自己的面子與尊嚴會不惜做出很多衝動的事情，從而瞬間失去明辨是非的能力，給自己增添很多的麻煩。

眾所周知，職場中很多矛盾都可以歸結於溝通不當所致，同事之間如果能有一個好的溝通方式，那麼在工作上很多問題都能迎刃而解。但如果同事之間關係不融洽，溝通不順暢，則會起到相反的作用，導致工作無法正常開展。同事之間一旦造成誤解，極有可能產生隔閡。因此同事之間相處，一定要注意以下五個細節：

一 學會換位思考

美國汽車大王亨利·福特說過：「如果成功有秘訣的話，那就是站在對方的立場上看問題。」

站在對方的立場上看待問題，其實也就是所謂的換位思考。站在對方的立場看待問題，你也許能理解對方的做法，然後找到更合適的方法，通過更有效的溝通，解決所遇到的困擾，達到自己預期的目的。

身在職場，有時難免會有和同事鬧矛盾的衝動，忍不住想要逞一時口舌之強，就算爭贏了，同事之間很有可能從此就成為了「敵人」。正確的做法應該是，盡量讓自己保持理智，然後進行角色轉換，思索這樣一個問題，如果你是對方，遇到類似的問題，該怎麼做？

二 溝通有度，尤其是同異性同事溝通，學會避開「地雷區」

同事張瑤，為人很是率真、耿直，但由於言辭太過直接，在職場中得罪了不少同事。某天，一位女同事買了一件自認為很滿意的新裙子，走到張瑤面前讓她點評。張瑤看了看裙子，然後說道：「我就實話實說了，我覺得你這裙子買得不好。第一，你這裙子款式太老土，去年市面上就有了。第二，穿在你身上其實並不合適，不僅不顯年輕，還顯得有些老。第三……」

還沒等張瑤點評完，這位同事便拉長臉，頭也不回地轉身離去。事後張瑤一直堅信是對方度量太小，聽不進真話。但實情並不是對方氣量太小，而是張瑤說話的情商太低，既然對方有意讓你點評，那就說明對方很希望得到認可而不是否定。

性格直來直去有時候是好事，但也會讓你失去友誼。殊不知，善意的謊言，往往會比直截了當更容易讓人接受。

如果張瑤對同事說：「哇，你真是太有眼光啦！這裙子這段時間很流行，很適合你，非常漂亮。」同事聽完之後，會有怎樣的反應？毫無疑問，同事心裏不僅會很愉快，瞬間對張瑤的好感還會更進一步。

即使再好的同事關係，也要學會分清場合，有些話並不是對誰都可以說，也並不是誰都可以接受。因人而異，溝通有度，不僅維持了同事之間的友誼，也保全了彼此的顏面。與異性同事溝通交往，一定要學會避開「地雷區」。不要以為和誰關係好就可以出口成髒，或者是對其動手動腳。距離產生美，還能在對方心裏樹立起好形象，同事也不例外。

很多朋友可能聽過這樣一句話，那就是不能隨便問異性年齡，即使對方看上去很老。如果你實在想問，也一定要注意方式方法。人有一個心理特徵，尤其是女性朋友，都喜歡別人將自己年齡説得比實際小。在年齡問題上，你可以將一個大齡女性朋友説成十八歲，也可以將一個大齡女性説得與她相近，但一定不能説得比實際年齡大，那樣一定會引起別人的不滿。

三 不要隨便打探別人的秘密

「每個人其實都有隱晦的一面，這片地帶不僅很背光，還藏着一些不可言說的秘密。」一個體心理學研究發現，我們每個人其實潛意識裏都存在着兩張不一樣的面孔。

這兩張面孔，用心理學的專業術語來講，就是「顯性人格」與「隱性人格」，顯性人格是能夠展現在別人面前的，而隱性人格則是不能讓人知曉，或故意隱藏起來。

提到「顯性人格」與「隱性人格」，其實也就是想說，在與同事的交往之中，即使彼此的關係再好，也不要隨意去打探別人的秘密。能告訴你的，對方一定會告訴你，不能告訴你的，一定不要強人所難。

據調查發現，愈是走得比較近的關係，「求知慾」也就愈強，一旦發現對方對自己有所隱瞞，就會想方設法知道隱瞞的內容。其實這時候，最好的做法是不要問，每個人都有些自己的私密空間，對方之所以不願意告訴你，是因為不方便告訴你，因此要學會理解。

四 注意與對方的溝通方式

溝通方式可分為三級，一級是與上司及下屬的溝通，二級是與異性同事的溝通，三級則是與同性同事的溝通。同上司溝通，一定要注意等級之分，多以服從為主，該有的禮貌一定要有，不該說的話一定不要說。注意場合，即使覺得有甚麼不妥，也應當私下溝通，切忌當着他人面質疑。

同異性同事溝通，要注意保持彼此的距離，一定不要認為關係好就可以甚麼話都說，比如不能亂和異性朋友開玩笑，更不能動手動腳。尊重對方，同時也是尊重自己。

和同性同事也是一樣，由於性別原因，有時候彼此意見不合，互不讓步，也純屬正常。要學會心平氣和，以和為貴。

五 學會以退為進

「以退為進」，出自漢·揚雄《法言·君子》：「昔乎顏淵以退為進，天下鮮儷焉。」指以謙讓取得德行的進步，後指以退讓的姿態作為進取的手段。

以退為進策略，是指以退讓作為進取的一種手段，退實則是一種表面現象。由於在形式上採取了退讓，使對方能從自己的退讓中得到心理滿足，不僅思想上會放鬆戒備，而且作為回報，對方也會滿足自己的某些要求，而這些要求正是自己迫切需要的。

職場中與同事交流溝通的以退為進策略，表現為先讓一步，順從對方，然後爭取主動，反守為攻。

每個人生來性格不同，接受事物的方式也就不一樣。剛毅之人往往油鹽不進、非要一論輸贏，與其溝通，不宜糾纏下去，否則，激怒對方，也達不到目的。為了能說服對方，讓對方支持自己的觀點，可以適當退讓，然後抓準時機，先對其進行一番行為與精神上的讚揚，待對方對你放下戒備之後，很多事情自然就能水到渠成。

職場實用指南

眾所周知，職場中很多矛盾，都來源於溝通不當，同事之間如果能有好的溝通，工作上很多問題往往很容易解決。

09 好的溝通技能可以讓上司更重視你

不久前我和朋友木木一起聚會時，他和我聊到了工作之事。

木木很無奈地告訴我：「說句實話，要不是目前個人經濟壓力有點大，我早就想辭職不幹了！我在這家公司工作，除了待遇不錯之外，一點也感覺不到快樂，也找不到任何的存在感。我覺得屬於我的工作範疇之內的事情都已經做得很不錯，可就是得不到經理的重視。我也想加薪和升職，但以目前的情況來看可能真的沒有甚麼機會了。」

「以你目前的情況來看，你反正已經處於很被動的局面，倒不如試試主動出擊，去找經理談談你內心真實的想法，說不定還能夠打探出他對你不重視的原因。」我對木木說道。

「不想去，反正去了也沒用，更不想和經理溝通。本來我就和他溝通少，你讓我主動去找他溝通，這就顯得目的性太強了，可能會適得其反。」木木回答。

「還沒去你怎麼知道和經理溝通無用？」

「反正就是不想去，一直以來都沒有任何想要對經理開口說話的慾望，更別說正式溝通了。」木木無奈地回答。

見木木回答得如此乾脆，我也不便再多說甚麼。顯而易見，通過木木和我的交談可以看出他的工作能力應該不會太差，不然可能早就被公司辭退了，畢竟現在各行各業的生存壓力都比較大，就業形勢也比較嚴峻，因此大部分公司都不會散養「閒人」。而他之所以不受經理重視、找不到存在感等問題，其實可以從我們之間的對話中推測出其中的原因之一，那便是和經理之間缺乏溝通。

身在職場，每個人不可能都會成為上司，但幾乎每個人都是從做下屬開始起步的。據調查：那些只知道與身邊同級同事打交道的人，工作幾年之後，大多還都是普通員工；而那些樂於和上司打交道的員工，很多都會得到上司的青睞而被提拔。所以和上司溝通的效果往往能體現個人的溝通能力大小與情商的高低。

在職場中，如果你想要有所作為，一定要明白與上司互相建立良好關係的重要性，因為這是獲得上司賞識的重要因素之一。換言之也就是說，上司是直接決定你職場之路能走多遠的人，得不到上司的認同，所謂的升職加薪也就與你無緣。

我們都知道人與人交往的樞紐離不開溝通。沒有語言上的溝通即使人家想與你交往可能也會因為無話可說而終止，同理，我們在與上司的交往中，要想在眾多同事中脫穎而出，必不可少兩點硬性要求：

一是個人能力，二是懂得如何與上司溝通。

想要讓上司看重、提拔，除個人能力之外，更多的是溝通與交流的方式方法，需要注意以下四點：

一 學會主動報告工作進度

很多朋友有這樣一個意識謬誤：上司很忙，不便經常打擾。他們通常只看工作結果，不會看工作過程，因此我們在匯報工作的時候，大多都會只以結果為導向，而不注重過程進展的匯報。這樣的做法看似很合理，實則並不是太妥當。

身為上司，通常在給下屬安排相應工作的時候都會「結合」個人綜合完成能力進行規劃。也就是說當上司在安排的工作中，有的工作內容對於下屬來說沒有任何難度，而有的工作內容對於下屬來說則具有一定的挑戰性。

對於沒有任何難度的工作，下屬能夠輕而易舉完成，上司也相對放心，通常會只以完成結果為導向，只看結果；但對於具有一定挑戰性的工作而言，上司雖然看上去很放心下屬的工作能力，但是實則內心還會有所疑慮，不過只是礙於個人顏面又不會直接詢問下屬的工作進度。面對這類有挑戰性的工作，聰明的下屬會時不時向上司匯報工作進度，一是為了讓上司放心；二是在完成工作時遇到任何棘手的問題，可以請上司給予自己意見，更利於自己接下來工作的開展。

管理學中有這樣一句至理名言：下屬對我們的報告永遠少於我們的期望。留心的人會發現，職場中相對活躍、短期內就能夠得到意外提拔的人，總是那些積極地向上司匯報工作的人。因為這能讓上司在很短的時間內對你心生好感，看到你對於工作的熱情與積極性。這樣就算上司再忙，或者不會悉心聽取你匯報工作的進度，你也並不害怕他會忽略對你的認可。只有讓上司放心，才能得到更多的機會。

二 提出意見時，注重上司的個人顏面

一代諫臣魏徵，常常當面指責唐太宗的過錯，經常讓唐太宗怒不可遏。

有一次，唐太宗宴請群臣，酒後吐真言，對長孫無忌說：「魏徵以前在李建成手下供事，盡心盡力，與我是敵對關係。後來，我不計前嫌地提拔、任用他，直至今日，可以說是無愧於古人。但是，魏徵每次勸諫我，不贊成我的意見時，我說話他就不應，甚至當眾反駁，這樣做未免太沒禮貌了吧？」

長孫無忌勸道：「臣子認為事不可行才進行勸諫的，如果不贊成還附和，恐怕會給陛下造成其事可行的印象。」唐太宗不以為然地說：「他可以當時隨聲附和一下，然後再找機會陳說、勸諫，這樣的方式君臣雙方不是都有面子了嗎？」

對比魏徵與唐太宗，前者正直進諫，後者禮賢納諫。雖然他們之間的關係在後人看來非常的和諧默契，但唐太宗還是對魏徵心存芥蒂。畢竟對於君王來說，更注重個人的顏面與威嚴。即使他在某些決策上有錯，作為臣子的魏徵也不能當着眾臣的面以沉默回應他。因為他也想得到魏徵的支持與認同。正如唐太宗說的那樣，即使自己決策有錯，作為臣子的魏徵私下對自己進諫豈不是更好，這樣既保全了自己的顏面與威嚴，也讓魏徵進退自如。

職場中和上司打交道又何嘗不是如此，作為下屬一定要學會保全上司顏面。所謂「金無足赤，人無完人」，君王的決策尚且都有失誤之時，更何況職場的管理者。

作為下屬，懂得諫言是好事，但一定要學會正確的諫言方式。當你覺得上司下達的指令有誤時，可以私下和上司討論，但是一定不要在公共場合對他進行反駁，以免弄得彼此進退兩難。

三 面對上司的詢問做到有問必答、答必實

據我所知，有許多員工在面對上司詢問的時候會根據當時的情況進行回答。例如，對自己沒有任何損失的詢問基本都會做到有問必答，但只要涉及自身利益或者關乎個人名譽之事便耍起了小心思。

舉個簡單的例子來說，之前我手底下有一位員工阿章，他無意中冒犯了某位老客戶，並且遭到客戶投訴。這期間，我對客戶投訴的原因以及對阿章的所作所為進行了解時，客戶是如實相告的。當我詢問阿章時，他在一開始就將所有的錯誤歸結到客戶身上。阿章告訴我：「都是因為客戶的要求太多，不停地叫我做這做那，我沒能及時滿足，所以才造成了客戶的不滿。」聽完阿章這冠冕堂皇的回答，我並沒有拆穿，而是從頭到尾地複述了他與客戶之間的一些交流過程。當我將過程複述完之後，阿章面頰通紅，瞬間又換了另一套說辭：「雖然客戶要求很多，但在這期間客戶都有協助我，當時我覺得很煩，所以無意中便小聲說了一句『從來沒有遇到過像你要求這樣多的客

戶』，沒想到被客戶聽到了，所以才引起了不滿。」這一次，阿章所說的與客戶告知我的情節完全一致。

正因為此事，阿章在我心裏的形象從此大打折扣。

因此，作為下屬，在面對上司詢問之時，無論你的做法正確與否，一定要有問必答，答必實。即使自身有錯，也要坦白相告，而不是扭曲事實、遮遮掩掩。缺少擔當精神的員工，就算本事再大，上司也不敢委以重任，因為害怕這種員工會為了逃避責任，做出與實際情況不符的事情。

四　定期對自己工作複盤，並請直系上司給予整改意見

複盤，其實是一個圍棋術語，指的是在下完棋後複演該盤棋的記錄，以此檢查對局中招法的優劣和得失等關鍵問題。而現在大多是指總結自己的工作，找出問題，總結經驗，從而更有效率地做好後續工作。

定期複盤對於很多職場人士來說是一件很苦惱的事情，因為每次一到總結的時候，由於很多工作的相對單一與重複性，根本不知道該如何着手。工作中，哪些地方需要改進，哪些地方還有待提升，都是定期複盤的內容之一。

所謂「當局者迷，旁觀者清」。很多時候，由於虛榮心所致，我們往往只能看清楚自己的強項，而忽略自身的弱點。

當我們無法看清自身弱點的時候，最好的方法就是得到良師益友的指點。職場中作為同級的同事他們為了不得罪你，甚至是為了不讓你成為阻礙自己晉升的勁敵，即使熟知你的弱點也很少有人會真誠相告。那麼此時，最好的辦法就是主動找你的直系上司溝通交流，請他指出你在工作中的不足之處。這樣做有兩個好處，一是通過上司的角度更好地看清自己的缺點；二是給上司留下一個好的印象，讓他覺得你是一個積極上進之人。一個不懂得與上司溝通的員工即使能力再強，也不會得到上司的重視。因為這類人大多只知道埋頭苦幹，最終，因為不能了解上司的需求，而被忽略。

職場實用指南

在職場中，如果你想要有所作為，一定要明白與上司互相建立良好關係的重要性，因為這是獲得上司賞識的重要因素之一。但要想在眾多同事中脫穎而出，有必不可少的兩點硬性要求：一是個人能力，二是懂得如何與上司溝通。

10 職場中，要學會控制悲觀情緒

悲觀，從心理學的角度來看是這麼定義的：悲觀是一種由於自我感覺失調而產生的不安情緒，表現為心理上的自我指責、安全感缺失和對預期的負面思維，也就是對未來總往壞處想。其本身是內省的，屬於精神層面的，但是能夠很直接地影響到人體表面上，所以這類人通常表現為狂躁、抑鬱、心跳加速，甚至杞人憂天、神經衰弱、神情恍惚等。

悲觀者的影響結果是無法預估的，如果你的定力不足，那麼很容易被悲觀者影響。所以在生活與工作中，我們一定不要過多地去和悲觀者接觸，除非你自認為可以影響他，讓他由悲觀者變為樂觀者。尤其是在群體生活中，悲觀的情緒傳染性很強，接觸需謹慎。

一般來說，容易產生悲觀情緒的人都有一定的共性，表現為意志相對脆弱，生性膽小，怕這怕那，但其實這樣的個體由於長期適應慾求不滿的狀態而一直處於情緒的低水準活動中，以至於對生活更為麻木。悲觀情緒輕者可以扼殺一個人的快樂，重者甚至也可以將一個人推向無底深淵。就我自身來講，其實應該也屬於輕度悲觀者吧！悲觀情緒的滋生確實扼殺了我很多的快樂，以至於讓我時不時地鬱鬱寡歡，胡思亂想，為了不讓悲觀的病情愈發嚴重，必須根治。

那麼具體怎麼治，以下有四點聽課的心得與總結：

一　要正確認識自己，樹立信心

悲觀的人總是看到自己的不足之處與缺點，很少能看到自己的優點和長處。所以，要克服自己的悲觀情緒，首先就得對自己有個正確的認識和客觀的評價，先學會正視自己。不要總盯着自己的不足之處，要學會看到自己的優勢，看到自己的長處。**在工作中，面對一些問題的時候，不要害怕，也不要選擇逃避，而是應勇敢面對**。在對自己客觀評價的基礎上，去樹立信心，即使你認為某些事情你無法做到，但也不要輕易選擇退縮。沒有去做，你永遠不知道你的極限在哪裏，敢做，才能走出第一步。

二　心胸要寬闊

職場中的悲觀人士不僅對自己不夠寬容，還容不下別人，也見不得別人比自己好，見不得別人厲害，並且喜歡把簡單的事情想得很嚴重，喜歡深究一件本就讓自己不開心的事，從而越來越糾結，越來越憂鬱。

那麼面對以上種種情況，唯一的方法便是讓自己的心胸變得寬闊起來，凡事不要太過認真。只有從根本上克服悲觀情緒的爆發點，才能真正地讓自己快樂起來。

三 與樂觀的人在一起

其實，最能影響你情緒的還是你所接觸的人。有時候，他們的一句話會讓你不開心，也會讓你笑得合不攏嘴。人與人之間，想法和做法與表達都是可以互相傳染的。有句話是這麼說的：「你跟甚麼樣的人經常接觸，你就會成為甚麼樣的人。」此話並非沒有道理。試想一下，如果你在工作中所接觸的人都是些消極的人，那麼就算你全身正能量爆棚，也會面臨兩種情況，一是改變他們，用自身的能量影響他們成為一個陽光的人；二是被他們改變，逐漸墮落，成為一個悲觀之人。

所以，想要改變生活的面貌，要多花些時間和樂觀的人在一起。主動接觸工作中那些對待工作積極的同事，並從他們身上學習如何以樂觀的態度看待世界，如何正確地看待人生。那樣，你也一定會被他們影響，成為一個樂觀的人。

四 不斷思考，使自己忙碌起來

如果以上方法都不利於你改變悲觀情緒，也許有一個方法能改變你的現狀，那就是不斷思考。沒有事情做的時候找事情做，使自己在思想與行動上忙碌起來，這不僅可以分散自己的注意力，還能緩解悲觀情緒。只要長久堅持下去，你的思想一定會發生改變，甚至還會有階段性的突破。

悲觀的人總是喜歡用消極的態度來看待問題，總是喜歡把事情想得過於嚴重，只喜歡看壞的一面，很少看好的一面。在工作中，你一定要學會思維互換來看待問題，任何問題的出現你都可以用逆向思維去思考，那樣你所看到的問題也就不止有一面。

職場實用指南

用心去看待身邊所發生的每一件事情，用積極向上的態度去面對生活和工作。那樣，你才會過得快樂，才有可能不被情緒所控制。

心態能決定一個人的成敗，因此擁有一個積極向上的心態十分重要。你能力再強，心態不好，在工作中面對困難、失敗與打擊、質疑與嘲笑等對自己不利的情況時，可能會難以接受或影響別人，這類人是不會被公司重用的。

CHAPTER 2

情商高的人，都有謙遜的心態

11 技不如人時，多向別人學習

每位職場人士都有自己獨有的性格與脾氣，有的人生來骨子裏暗藏着一股傲氣、有的人天生不服輸、有的人知進退，懂得借勢造勢成就自己。

但身在職場，有些個性是有必要改正的，因為這些個性不利於自身發展與自我成長，往往會害了自己。

能力強的人尚且如此知進退、明事理。技不如人的人，最好的辦法就是放低自身的姿態，多向比自己厲害的人學習。

明朝著名畫家唐伯虎，幼年即在畫畫方面已有過人才華。後來拜在大畫家沈周門下，認真學習，很快就掌握了繪畫的技藝，深受老師稱讚。

讓人始料未及的是，沈周的稱讚讓一向謙虛的唐伯虎，漸漸地產生了自滿情緒。

沈周將這一切都看在眼裏，一直沒有說出來，直到有一次師徒二人共進午餐時，沈周讓唐伯虎去開窗戶。唐伯虎開窗之時，驚訝地發現眼前的窗竟是老師沈周的一幅畫。從此以後，他潛心學畫，最終畫名滿天下。

如果唐伯虎在推老師沈周畫的那扇窗之後，並沒有意識到自身的不足之處，依舊我行我素，不虛心向老師學習，可能最終他也只是一個平凡的畫家，沒有多大的造詣。

職場中又何嘗不是一樣？即使能力再強的人，也會有自身的短處，能力再弱的人也會有自己的長處。所以，一定要正確認識到自身的劣勢，想方設法彌補不足。古語有云：「三人行，必有我師焉。」這句話告誡人們，要學會去學習別人身上的長處，這樣才會讓自身越變越好。

一個餐廳有一位九十後「小鮮肉」，僅僅用了一年時間，便從一名侍應成功晉升為部門主管，而現在他的個人能力，已經遠超了公司大部分中層管理人員，很有可能在未來兩年內的崗位競爭中，成功晉升為部門經理。

這個故事讓常人有些難以置信，一個剛成年的年輕人通常來說不會有這般驚人的爆發力。因為在大多數人心裏，這個年齡正值青春叛逆期，大多數少年人成天不是想着如何做好工作，而是想着如何過才能瀟灑自在。

有些人會好奇，這位九十後學歷高嗎？有很多經驗嗎？哪來的這麼強的核心競爭力。其實這位「小鮮肉」學歷、經驗都一般，但他擁有超強的學習能力，公司每個管理人員幾乎都被他請教過，看在年輕人這麼愛學習的份上，公司管理人員也不好拒絕，也就給他分享了很多方法。

事實證明，學習是縮短人與人之間差距的最好捷徑。

九十後的年輕人知道自己甚麼都不懂卻並不甘心平庸，便主動找到了比自己厲害，經驗比自己多的同事、上司請教，最終得以快速成長。

心理學家說：「人類最大的弱點就是不知道如何去認識自己，總喜歡聽對自己有益的話，比如表揚；而不懂得如何去接受自己的不足，不敢直面應對自己的缺點，這通常是虛榮心作怪。」職場中，之所以有很多人不能正確認識自己，容不得別人說自身的不足之處，看不清自己的弱點在哪裏，恰恰也是因為這種人性與生俱來的「虛榮心」在作怪。

這樣的人，不僅不會得到成長，最終一定會耽誤自己的職場發展前途。

職場實用指南

每個人都有自己的弱點，技不如人不可怕，可怕的是技不如人還不願意去正面接受、去學習，並且始終認為自己是對的。這樣的人，是很難有大作為的。

12 取人之長，補己之短

試想一下，當你在職場中覺得某位同事做某項工作方案沒有做到位的時候，你很善意地提醒他怎樣做可能會更好，不然過不了上司那關，沒想到一開口就吃了閉門羹，還被同事說多管閒事。這時候的你，會不會覺得很委屈？

你一定很想反駁回去，卻又發現自己既不是同事的上司，又不是同事的親密朋友，說話這樣直接，確實是有點多管閒事的感覺。雖然你心裏很想反駁，但為了避免矛盾激化，最終還是決定退一步海闊天空。與此同時，你一定會想以後再也不會做這類型的爛好人了，不僅得不到感謝，還讓自己憑空添堵，確實不值。

其實，在你覺得不值的同時，對於你善意提醒的那位同事來講，他失去的不僅僅是一位肯真心指出他缺點的人，更失去了一次認識自我的機會。即使他的工作方案被上司驗收合格了，他以後一定也會在工作中受到阻礙；因為從他對你的態度可以看出此人不僅是一個不懂得尊重他人的人，還是一個不肯虛心接受他人意見的人，換言之就是比較自以為是。

身為職場人士一定不要過於自我。即使你覺得你是對的，在同事與上司指出你工作中不足之處的時候，也一定要學會虛心去接受別人的建議。這不僅是出於對別人的尊重，也是對自己的一種尊重，不然即使再好的同事關係，如果對方知道你是一個不肯接受他人意見的人，就算發現了你的不足之處，為了不得罪於你，也一定會假裝看不見。而限於我們自我認知的欠缺，自身短處的發現是非常困難的。

著名德國文學家歌德有一天在公園散步，遇見了一個曾經對他作品進行過尖銳批評的批評家，批評家見到歌德有些難為情，本想要繞道而行，沒想到歌德卻主動向他打招呼，批評家見了更覺得難為情，而歌德卻說：「先生，我很感謝你的批評，如果沒有你的批評，我可能也不會意識到自己的文字有哪些需要精進的地方。因為有了你的批評，我能更好意識到自身的不足之處。」歌德的熱情，瞬間拉近了兩人之間的距離，後來他們成為了很好的朋友，經常討論各自對於文學的看法。

歌德的做法恰到好處地給了批評家一個下台階，不僅避免了尷尬難堪的局面，又顯示出了自己寬闊的胸襟和氣量。最重要的是，他得到一段對自己創作有益的友誼，他身邊吹捧巴結的人很多，而真心敢指出他不足之處的人實則很少，而批評家恰恰相反，他能針對歌德的作品發表自己獨特的看法，有利於歌德創作上的精進。

歌德的這個事例，用在職場上也是一樣的。如果一個員工聽不得批評，受不得意見，不能開闊胸懷並修正自己的不足，那他必然會失去很多機會，譬如加薪、升職等，即使是有一定能力，有一定業績，他的個性缺陷也會對他的職場前景造成困擾和阻礙。

可見，一個不懂得虛心接受他人意見的人是不受歡迎的，也會處處受限。

其實，職場就如同戰場，有很多時候由於自己的判斷與決策失誤，就可能阻礙工作的正常進行，甚至是影響工作大局。

在職場中，要當「聰明人」。聰明人就是用最少的時間和精力，將事情做到最好的效果。認真學習和謙虛接納建議會讓自己變成「聰明人」，用他人的長處，彌補自己的短處，最終你會在工作上事半功倍。

職場實用指南

一個人思維就算再開闊，能力就算再強，也終究是有局限性的。要想打破這種思維認知的局限性，最好的方式就是多傾聽與收集他人的意見與看法，然後進行歸納總結，找到其中的可取之處，這樣才有利於自己更快成長。

13 擺正位置，用積極的心態去工作

我相信身在職場的你一定也聽過這樣的聲音：

「這個假期過得好快，還沒玩夠就又上班了。」

「離下班還早呢，感覺時間好漫長。」

「甚麼時候才能下班，為甚麼休息時間一晃就過去了？」

毫無疑問，很多人都想找一個上班時間短待遇又很高的工作，但現實中的職場並沒有你想像的那麼簡單，你的努力往往與收穫不成正比，甚至努力總是多過於收穫。

古人云：「天將降大任於斯人也，必先苦其心志，勞其筋骨，餓其體膚。」

強者之所以能成為強者並不是生下來就註定了的，大多都是靠後天修煉而成的，他們能吃苦耐勞，能經受得住各種阻力，但凡有所成就者，都有一個循序漸進的過程。那麼職場中，究竟該如何做才能有助於自己提升呢？

一 做任何工作不要得過且過，不要為了完成任務而工作，不要為了應付上司而工作

做任何一份工作都要擺正自身的位置，將其做到最好，即使是一份在別人眼裏看起來不入流的工作，只要你用心去做，一樣會尋找到滿足感。

職場中有很多人一到上班就盼着下班，他們缺少的不僅僅是對工作的熱愛，更多的是沒能擺正自身的位置，喜歡得過且過，為了完成任務和應付上司而工作，所以毫無滿足感可言。如果每天工作內容並不是發自內心去完成，那麼不僅不能得到任何成長，還會影響自身水平的發揮。

二 以積極的心態去對待工作，拒絕傳遞負能量

諮詢過很多同行的高層，甚麼樣的人是他們最不想見的，幾乎所有同行高層都提到了一個詞，那就是「負能量」。也就是說他們所帶的團隊中，是無法容忍「負能量」之人存在的，因為這樣會影響到整個團隊的工作氣氛，導致士氣下降。

如此可以看出，積極向上的心態在工作中是多麼的重要。

前陣子，我在討論區的留言中，看到了一些人的無奈與辛酸，他們當中有很多人除了會流水線工作之外沒有其他一技之長，不少人期待再工作幾年便可順利退休。可現實就是如此殘酷，沒有特長和過人的技能，隨時隨地都面臨着在社會發展中被淘汰的風險，不進則退，只有那些充滿正能量的人才能應不變與萬變。

這個實例不僅僅説明了職場競爭的激烈性，還説明了職場競爭的隨時性。眾所周知，人工智慧的崛起正在慢慢代替手工勞作，很多工作崗位將會逐步退出社會舞台，一些人會被裁員，一些人會成功轉工，而這兩種截然不同的結果往往取決於個人的能力和發展的能量。

如果此刻的你還抱着混日子的心態去工作，不學習、不精進、不進取，那麼伴隨你的將是隨時隨地被淘汰的風險。

三 多展示自己的才能，讓同事和上司發現你的優勢，如此才更容易得到重用與支持

你想要在眾多同事中脱穎而出，想要讓上司重視你，最好的辦法就是發揮自己的才能，讓工作成績替你説話。

只有將自己的才能發揮到極致，做出驕人的成績，才能得到上司重視，令同事刮目相看。

四 以工作結果為目標導向，努力和待遇最終會成正比的

很多職場人士經常會有這樣的疑惑，自己明明很努力，對待工作一絲不苟，每天加班工作，卻幾年如一日拿着原封不動的工資，到底是老闆看不見自己的努力還是另有原因？遇到這類情況，建議你不妨對自己進行一次簡單地綜合評估，你最終做出的工作成績是否都達到了預期的標準或者是遠超目標預期？

如果剛好達到預期標準，待遇平平也是情理之中的事情；如果遠超預期標準，但待遇依舊，其實也是意料之中的事情，可能是你所在公司的考核機制和激勵機制還不太完善，或者還在發展成長期間。不過，在成熟的人事機制和完善的管理制度中，絕大多數公司的薪金機制也是特別完善的。你有多努力，你創造了多少社會價值和經濟價值，你的待遇是最好的證明。

職場實用指南

既然投身於工作當中，就一定不要以混日子的心態去工作，你要做的不僅是積極進取，還應該考慮如何將工作效益做到最大化，那樣才能有所收穫，才能更好地掌握主動權。

「14」制度管理與人性化管理

收到過幾個關於「人性化」管理問題的問題。

甲朋友說：「我是一名剛步入職場不到一年的九十後，現在很討厭上班，因為公司制度太嚴了，上司管理也太沒人性了，怎麼辦？」

乙朋友說：「最近很多公司受了幾家知名品牌裁員風波的影響，都開始大力精兵簡政，我們公司也不例外，不僅精簡人手，制度還越來越苛刻，簡直毫無人性。」

丙朋友說：「以前上司還能容許員工犯點小錯誤，自從公司今年推行了績效考核制度之後，現在只要一出錯上司就直接拿這個説事。」

綜合以上這三個問題，不難發現，現在各行各業都在進行改革，要麼是精兵簡政，要麼是用強有力的制度來約束員工，以使其更好發揮價值，這也説明了各行各業競爭激烈的事實。我要探討的不是關於行業的競爭趨勢，而是要探討以上幾位朋友都提到的兩個關鍵點：制度管理和人性化管理。

何為制度管理？管理學上將這種管理稱為「硬性管理」，也就是以「規章制度」為中心，憑藉制度約束規範員工的所作所為，依靠紀律監督、獎懲規則等方式對企業員工進行強行的管理。換言之就是，只要員工觸碰任何一條管理制度就很有可能受到相應的處罰。

而人性化管理則恰恰相反，它強調以「人」為中心，依據企業的共同價值觀和文化精神氛圍進行人性化管理，它是在研究人的心理和行為規律的基礎上，採用非強制性方式，在員工心目中產生一種潛在的說服力，從而使員工組織意志變為個人的自覺行動。

弄清楚了制度管理與人性化管理的區別之後，會發現這兩者不屬於同一種管理範疇。「制度管理」是用強有力的制度來約束員工的各方面執行能力與自我管控，而「人性化管理」則恰恰相反。前者佔據了主動性，而後者相對而言更為被動，不止如此，後者對於管理者來說施行的難度係數遠遠大於前者。

《人性的弱點》一書中曾提到了「貪婪」一詞，也就是說人生來就具備了「貪婪」這一特徵，一旦精神上享有了舒爽或者優待之後，一定會將這種需求無限制地放大，最終會產生理所應當的錯覺。在現代企業管理中，雖然很多老闆提倡「以人為本」的管理方式，但事實證明，如果沒有制度的制約最終很難達到管理的效果。

有一位老闆在談到「人性管理」的時候止不住地歎氣，因為恰恰是他的仁慈最終讓他多年的心血毀於一旦。

最開始他的公司裏面也有成文的規章制度，但他更多的是相信人性需要善意的感化，如此才能更好地激發員工的工作熱情。於是員工在日常工作中犯了很小的錯誤之後他不會對其責罰，只會心平氣和地跟其講道理，但員工的思維終究有局限性。於是在後來的工作裏，有很多員工也開始犯類似的小錯誤，作為老闆的他甚是揪心，如果對員工進行處罰，那麼肯定會有人説他做事不公平、有私心，於是他依舊對這些犯了小錯的員工採取説服教育的模式最終結果可想而知。

員工的「貪婪」沒有得到有效地控制，開始慢慢放肆起來，就如同滾雪球那般，越滾越人。後來，這位老闆的公司亂得如同一鍋粥，員工自由散漫，業績提升不上去，甚至還有的開始和老闆討價還價。最終由於業務不景氣這位老闆被迫將公司關閉。

制度就如同一把尺子，它能很清晰地向員工標示着甚麼事情該做，甚麼事情不該做，甚麼事情必須做。但這把尺子一旦失衡，最終不僅不能達到制約員工的作用，可能還會讓員工掌握主導權。到那時，公司高層可能就會由主動變為了被動，再想要規範化管理可謂難上加難，還會給自己帶來很大的阻礙。

作為一名職場人士，一定不要太過於奢望能得到人性化的管理，因為在制度面前，人性化管理顯得蒼白無力。當然，在職場中也會遇到很多通情達理的上司，他們會在工作與生活上關懷員工、體貼員工，但這些情形都有前提作為基礎，那就是員工必須安分守己，不去觸碰規章制度的底線，不讓上司煩心，更重要的是做好自己的本職工作。

職場實用指南

毫無疑問，很多職場人士都渴望能夠在制度鬆散且足夠人性化的公司工作，因為這樣的工作環境毫無壓力，相對自由。但事實證明，這類型的公司大多存活率不高，培養出的員工大多沒有多大作為。

「15」

拒絕崗位歧視，工作沒有貴賤

我曾經針對不同行業的十位職場青年做了一個調查，問了他們同樣一個問題，這個問題是：「如果給你高薪讓你去做一名清潔員你願意嗎？」

結果令人出乎意料，有六位人士表示「寧願做自己低薪的工作，也不願意去做這類型的高薪工作，感覺很卑微，讓人抬不起頭，工作又髒又累，別人也不會把自己放在眼裏」。其中有兩位人士表示可以嘗試，另外的兩位人士則表示「只要待遇不錯，做清潔員有何不可，最終都是為了賺更多的錢，都是為了生活，何來卑微一説」。工作有高低貴賤之分嗎？事實證明，在不少人心裏是存在崗位歧視的，在他們眼裏，很多平凡的工作崗位都是卑微的。比方説清潔員、按摩技師、侍應等等。在這些人眼裏，從事髒亂的工作，都是不入流的。殊不知，正因為這些平凡人在平凡的工作崗位上做出了不平凡的事，我們的社會才有美好與和諧。

貝弗里奇曾說過：「職業本身沒有高低貴賤之分，每個人所在的崗位不同，做的事也不一樣，只是分工不同。」同樣的道理，對於一個企業而言，想要更好地發展離不開一個崗位基本分工和協作機制，這些崗位之間既存在分工也有合作，如果只有分工，沒有合作，那麼企業在運轉上因為不協調、不協作是會出問題的。而對於每一名同事來說，無論職位的高低，都應該受到彼此的尊重。

一家餐廳發生過這樣諷刺的一幕。一位侍應瞧不起清潔阿姨，兩人發生了爭執，侍應說：「你瞧你幹的甚麼工作，成天打掃廁所，想想都嫌髒，沒有追求。」那清潔阿姨不緊不慢地說：「實話告訴你，我不只會打掃廁所，你的工作一樣能做好。」

侍應回答：「就你懂服務程式嗎？能服務得好客人嗎？」

清潔阿姨有意激怒他道：「呵，試試不就知道了，我們可以把工作互換一天。」

侍應有些猶豫地回答：「沒問題。」

上司很想挫挫這名侍應的鋭氣，因為他深知清潔阿姨的能力，便同意他們彼此互換崗位一天的約定。

一天過去了，清潔阿姨對於服務工作沒有絲毫怠慢，且做得有聲有色，而侍應則是氣急敗壞，一會兒客人又吐了，他要捏着鼻子去打掃嘔吐物，一會又得洗杯子，一會又要打掃衛生，整天都是手忙腳亂的，真是苦不堪言。

這時候上司找到了他，要他談談心得與體會，他滿臉羞愧地說道：「我知錯了，我不該有這種崗位歧視的心理，只有親身體會了，才知每個崗位都不容易。」

很多崗位看似簡單，實則並非如此，只有切身體驗過後才知道各有各的艱辛，各有各的價值。

以上真實案例中，雖然清潔阿姨做的工作在常人眼裏看起來都是小事，但事實並非如此，這些又髒又累的小事恰恰體現了這項工作的不易。他們都是靠自己的雙手與艱辛付出做出成績的，在工作的時候更是不卑不亢，又何來高低貴賤之分。

美國作家哈爾頓談到工作感受的時候說道：「身在職場，如果你能把你的本職工作做好就是個了不起的人，不僅能做好本職工作還能替同事、上司分憂，那麼你的職場之路將不可限量。」

工作本身沒有貴賤之分，只有完成結果好壞之分。比如一份擦皮鞋的工作，雖然看似平凡，但真正能做好的屈指可數。恰恰是這樣一份平凡的工作，卻有人能將其發展成謀生的技能。說到底，我們工作是為了謀生，擦皮鞋這個職業有社會需求，有社會需求就是一行工作，就能通過自己的雙手謀生，就應該得到相應的理解和尊重。

李克強總理在大連會見出席達沃斯年會的企業家代表時說過一句話：「能讓衛星上天的人是專家，能讓抽水馬桶不漏水的人也是專家。」社會的發展離不開各階層勞動人民的辛苦付出，無論從事甚麼行業、甚麼崗位，最終只要能將自身價值最大化地體現出來，這樣的勞動者都是值得尊敬和肯定的。

有句古話說得好：行行行出狀元。在不同的行業中，只要認清自我價值，無論甚麼崗位甚麼薪水，都是有利於社會的勞動者，都是社會不可缺少的一員。

職場實用指南

有很多職場人士都有崗位歧視的心理，在他們眼裏，很多平凡的工作崗位都是不入流的。但無論從事甚麼工作崗位，只要能實現自身價值，發揮出作用，即使發揮出的作用再小，也是值得被人尊重的。

16 拒絕做思想巨人，行動矮人

阿偉從事房地產的銷售工作，是一個很有抱負的人，很想在公司一百多名銷售同事中脫穎而出，做出一番成績來。他做房地產銷售雖三年有餘，卻一直未能如願，多次與他談到這個夢想時，我都會問他同樣的問題，這個月你的銷售成績有上升嗎？但得到的答案幾乎每次都一樣：「還是沒有上升，名次都差不多，偶爾還會下降些。」

論銷售資歷，阿偉應該算得上公司元老級別的員工，畢竟他在這家房地產公司做了三年。論銷售經驗，他也不是太差，接觸的大大小小的客戶也不少，讓人納悶的是為甚麼他的銷售業績一直提不上去。後來我對他進行了各方面的了解，發現他的優勢就是銷售技巧很好，劣勢就是聯繫業務比較保守，喜歡守株待兔地等着顧客上門，這一點也就是導致他一直沒能取得好成績的主要原因之一。

據阿偉自己說，他們公司的銷售冠軍平均工作時長在十四小時左右。銷售冠軍無論是天晴還是下雨，無論是嚴寒還是酷暑都在外面跑業務，可謂早出晚歸。而他則恰恰相反，阿偉雖然也很想擁有銷售冠軍那般的吃苦耐勞、不畏嚴寒酷暑的精神，卻是思想的「巨人」行動的矮子，一直不肯主動走出去聯絡客戶、發掘資源，導致業務平平常常，沒有進步和起色實屬正常了。

通過以上的例子不難發現，阿偉自身存在的最大問題不是缺乏業務技能的熟練性，而是缺乏行動力，從而導致他的銷售業績一直沒有提升，曾經設置的目標和理想也只能停留在口頭上。

其實不止是阿偉會在工作中遇到這類情況，職場中還有不少這樣的人存在。

有個心理學調查報道，說他們針對數百位來自不同行業的工作人員做了一個調查，通過調查得知，有百分之七十五的人會給自己制定工作目標與計劃，而制定目標的人員中卻有百分之八十的人無法兌現其目標工作任務，導致其結果的原因多半來源於缺乏行動力和落實精神。

在職場工作中，最不受上級喜歡或者很容易被清理出團隊的就有以上類型的人員。曾經有一位朋友給我留言，說他工作能力很強，卻不知何故被經理辭退了，讓他百思不得其解，想諮詢一下原因。

通常來說，能力很強卻被辭退的員工可能會出現這樣幾類情況：

一、不懂得職場生存與競爭規則。

二、為人處世有問題，或者情商不夠，更甚者人品有問題。無論是大小企業，大多會以「德能」考核員工，意思是一個人的職業道德非常重要，是選用、提拔員工的首位條件，其次才是能力。

三、工作作風有問題，換言之就是工作態度出了問題。

通過交流溝通得知，這位朋友的人品是沒有問題的，相反他是一位很正直的人，也沒有與同事和上級發生過較大的矛盾問題，相反他是深諳職場中的人事相處法則的。當問到他平時都是怎樣完成上司交辦工作時，他說：「我自認為能力還不錯，上級交辦的任務也不是很難，很容易就能完成好，所以經常到了期限才開始做，有時是上級催促了才去做。但我很快就辦好了啊！」

其實，答案顯而易見了。這位朋友缺少的是對於工作的主動性，他明明知道自己接下來該做甚麼工作，卻非要等到期限快到了或者上級督促後才會行動。同那些積極主動的同事相比，即使他的能力再強，也不容易受到上級的重視。再則，目前各行各業競爭是非常激烈的，行業之間的競爭，人與人之間的競爭，歸根結底都是專案執行與落實之間的競爭，也就是結果和效果的競爭，每個公司只需要盡心盡力去落實好工作任務的員工，所以即使你能力再強，行動力差了，照樣也是被淘汰的目標。

言外之意也就是說，誰能創造出更高的價值，誰就更受公司的重用。但在創造價值的同時，離不開一個前提條件，那就是行動和落實能力。

《中國人才》一書中這樣說道：「思想是人腦的高級思想活動，是創造性的思維活動，這種思維活動是人類行動的先驅。可以說，它是事業騰飛的動力泉源，偉大的思想指導偉大的行動。不過在這之前，行動要去主動配合思想。」這也就說明了影響成功最重要的兩個因素，它們一個叫思想，一個叫行動，思想與行動相輔相成，缺一不可。偉大的思想需要行動去配合實施，只有這樣你最終才能擁有騰飛的事業。

職場也是一樣，想要得到更好的發展，遠大的思想與行動缺一不可。

職場實用指南

想法再好，思想再高深，如果沒有理論聯繫實際的具體行動，一切都是紙上談兵。優秀的人之所以優秀，並非與生俱來，而是後天勤奮與努力的結果。

17 你的能力就是你的底氣

毫無疑問，很多剛步入職場的人士都相信職場有絕對的公平，也相信只要自己在規定的時間內完成工作任務就一定會得到相應的甚至更高的報酬。因此，他們喜歡與同級或者與待遇比自己好的同事做對比，殊不知這種公平是建立在你突出的表現和能力之上的。公司的上司並不是傻子，在他們眼裏，完成規定的工作任務是必須履行的工作職責；所以如果你想要在職場更受重視，還得在各方面的能力與表現上下功夫。

美國心理學家亞當斯曾說：「大多數職工的工作動機不僅受自己所得的絕對報酬影響，而且還受相對報酬的影響。人們總是喜歡把自己的付出和自己的所得做一個比較，如果覺得付出和得到的一樣，就會感覺很合理、很公平。如果付出遠大於所得，很容易就會產生不合理、不公平的感覺。」

每位職場人士在工作中多多少少都會遇到一些不公平的待遇，當你面對不公平的時候，正確的做法不是抱怨與訴求，而是應該認真地去思考為甚麼做同等的工作，別人待遇會比自己好？別人為甚麼會得到上司的重視而自己卻沒有得到？問題的根源究竟出在哪裏？只有自己學會去思考，找出問題的關鍵，才能更好地正面認識自己。

職場中決定一個人是否具備不平等待遇的條件，除去人情因素之外還有一個最重要的因素，就是個人是否具備出眾的能力，因為能力出眾的人才能創造更大的價值。因此，很多企業家在談到自己的公司會錄用甚麼樣的人的時候，都會重點強調個人能力給企業帶來的經濟效益。

阿峰是一名酒店管理人員，平日得到了上司的認可。某天，阿峰的公司準備培養一部分向外拓展的管理人員，於是在公司內部進行篩選，讓有意向的員工都報名參加。為了得到更好的學習機會，能夠讓自己更好地成長，阿峰也提交了報名申請，但讓人遺憾的是，與阿峰同級的很多同事都通過了初選，而一向得到誇讚的阿峰卻連初選都沒能通過。阿峰實在想不通，覺得不公平，所以他去找上司理論。

沒想到上司對阿峰說道：「你有這種看法我能理解。實不相瞞，這次並非是不公平，而是通過大家共同商議之後的結果。你還有許多方面有待提升，沒讓你通過的原因是想讓你再沉澱一段時間。」

在阿峰看來，他自身的能力並沒有多大的問題，而上司的話其實是隨便找了個理由在敷衍自己，明明就是上司偏心、不公平。

但事實真的是如此？其實並不是這樣。試想一下，為何與阿峰同級的同事都通過了初試而他沒有呢？如果真的是上司有私心，那麼上司可以直接把他解僱，而不是一五一十地告訴他自身存在的不足之處。說到底，這個結果最大的可能還是因為阿峰自身的能力不如他人。因為一個能力強的人，從來不會在這些事情上顯得格外的坎坷，也從來不會擔心找不到好的發展前景的工作。

職場中的很多人士都渴望能得到公平對待，有這種想法並沒有錯。當你遇到不公平待遇的時候，無論是出於怎樣的原因，最好的方法不是抱怨，也不是找理由來證明自己是對的，而是讓你的能力替你說話，充分展示自身能力的價值，讓自己做出一番成績來證明自己的實力。**一個人能力愈強，底氣就愈足；自然，說話就愈有分量，重視你的人就愈多。**

職場實用指南

當你遇到不公平待遇的時候，無論是出於怎樣的原因，最好的方法不是抱怨，也不是找理由來證明自己是對的，而是讓你的能力替你說話。做出好的成績，證明自己。

18

沒有業績就沒有資格要求加薪

現代職場講究的是實效，這也就意味着每位職場人士為公司創造的價值大小直接決定着其未來的發展空間和薪金。一個人的能力有多大，優勢就有多大，將這種能力轉變為自身優勢之後，個人價值也會增大。

相信大多數職場人士都聽過「績效考核制度」這一說法，並且可能還有很多職場人士所工作的單位也正在採用這種方法對員工進行考核。

績效考核又稱為人事評估、績效評估等，是指主管或相關人員對員工工作做系統的評價，是一種衡量、評價、影響員工工作表現的正式系統，以此來揭示員工工作的效率和其未來的工作潛能，從而使員工本身、企業乃至社會都受益。

事實證明，現在的很多公司都深知一個道理：公司想要得到更好的發展，一定不能養閒人。每個人的能力不一樣，做出的工作成績也就不一樣，薪酬待遇自然也會有高低之分。

無論是普通管理制度，還是績效考核制度，對員工的考核點都有一個硬性的指標，那就是個人必須在工作中做出好的成績才有可能拿到好的待遇。也就是說，讓個人能力走在最前面。

現在職場中很多人士的思維是「你給我多少工資，我就幹多少活」，這種想法其實並沒有錯。但你若想說服老闆給你加薪，就一定要學會站在他們的角度去思考問題。老闆並不傻，他們的思維更偏向於：你得先證明你自己的能力，做出好的工作成績，讓我看清你的能力早已經超出了目前的薪金待遇之後，你才有資格和我談加薪的事情。

有時候，所扮演的角色不一樣，自然看待問題的角度也就不一樣。人人都想有高收入，那麼我們在得到這份收入之前，就一定要學會去滿足對方的需求。老闆可能不會像員工那樣去思考問題，但員工一定要學會站在老闆的角度去思考問題。我們應該怎麼站在他們的角度去思考呢？比如：想一想如果你是老闆，你手底下的人向你提出加薪的要求時，你會用甚麼樣的方式去考核他？你也一定會去看他的個人能力與做出的工作成績是否已經超出了他的薪金待遇。不然，他拿甚麼理由說服你？

職場實用指南

大多數員工的思維是「拿多少工資做多少事」，但老闆與上司的思維則恰恰相反，你得先讓他們看到你的能力是否已經超出了目前的薪金待遇，如果超出，那麼你就有了向他們提出加薪的底氣。

一個好的「演員」是無論在戲中任何時候都能很快地進行角色轉換，而找到自身的位置的。職場人士也應該如同演員一樣，學會在不同的場合、面對不同的人群能夠快速地進行角色互換。唯有這樣才能保全自己，才能更好地實現自我價值。

CHAPTER 3

你該好好修煉的那些職場情商

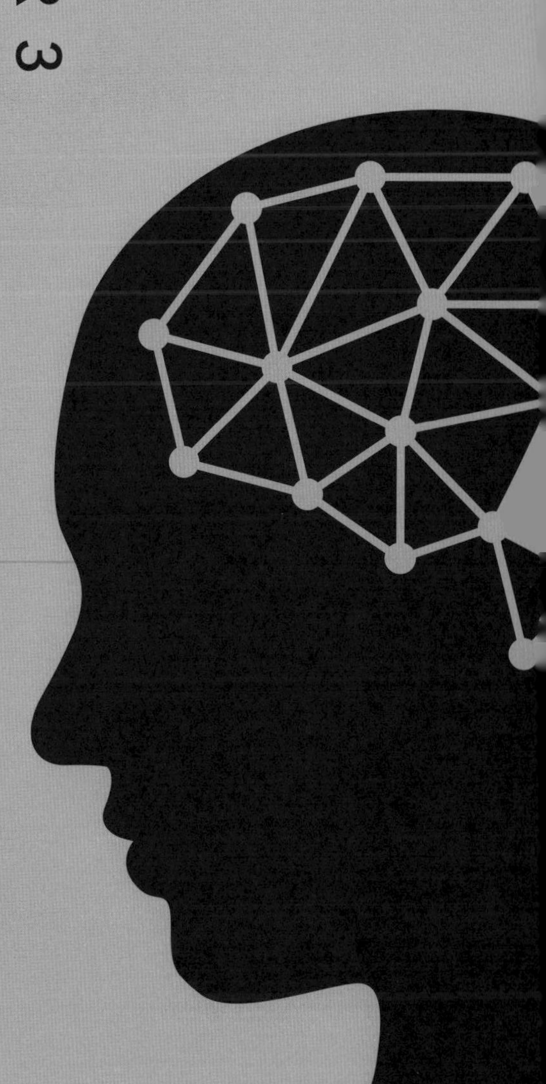

「19」與同事搞好關係，是一道必做題

之前有朋友問我，怎樣才能在職場中混得如魚得水？我認為，先要問自己是否具備以下二種能力：

一　較強的個人能力，也就是工作能力

個人工作能力愈強，受眾率也就愈高。

二　與上司打交道的能力，也就是與上司正確相處的能力

不知道你有沒有發現這樣一個規律，職場中那些混得好的人士和上級上司的關係都很好，他們除了擁護上司的決策之外，還會把上司下達的指令毫不含糊地執行，深受上司喜歡。

三 與同事打交道的能力，也就是與同事正確溝通的相處能力

很多職場人士往往會忽略與同事之間的相處關係，片面地認為同事對自己的升職加薪沒有多大的幫助；其實不然，和同事關係融洽是升職的奠基石。你的個人能力很強，也深受上司的喜歡，當有一天你面臨升職的時候除了需要上司的支持之外，更需要同事們的支持。上司負責提拔你順利升職，而同事則會讓你在升職之後順利地開展工作。

阿霞來諮詢我時說：「我在工作中表現很出色，個人能力也不弱，因此深受上司的喜歡。前段時間，上司找到我，要提拔我做小組的組長。聽到這個消息之後，我很開心，以為能夠在部門上司的提攜下順利上位。但讓人始料未及的是，身邊的很多同事聽到這個消息之後都不太高興，說三道四。

後來，阿霞將此事告知了上司，上司依舊力挺阿霞。但這些閒言閒語早已大大地挫敗了阿霞的自尊心。她思索再三，最終還是委婉地拒絕了上司的好意。

不難看出，同事之所以聽到阿霞要當自己上司的消息之後都極力反對，是因為阿霞平時與同事們相處的時間太少，彼此之間產生了生疏、甚至反感的心理，因此讓阿霞在同事之間缺少認同感。就以上案例來看，在升職的事情上都沒能得到同事們的支

持，反而更多的卻是排斥。

職場中，無論是上級與上級、上級與下級，還是平級與平級之間，因為不能達成共識、合作不愉快等原因而相互撕扯以至於被迫離職的事情不在少數。

無論是在生活中，還是在工作中，我們都離不開與人的合作，而合作也都離不開彼此的溝通與交流。往往我們與人建立信任感正是從溝通交流開始的。

想要得到同事的支持也是如此，首先你得多與同事們進行溝通交流，甚至是多主動幫助他們，這樣才能更好地建立起彼此的信任感。而信任感一旦建立成功，工作中很多事情都會得到他們相應的支持。

職場實用指南

職場上那些和同事搞好關係的人大多都能夠混得如魚得水，在人際關係裏穿梭自如。對於企業來說，團隊的綜合競爭力才是致勝的法寶。同樣，對於個人而言，如果得不到同事的支持，你能力再強，在職場中也不會受到歡迎。

20

在上司面前適當展示你的「亮點」

身在職場，每個人都有不同的職業軌跡：有的人成為了公司的高層，受到了董事長、股東的器重；有的人在職場打拼多年，依舊碌碌無為，即使胸懷大志，也無人知曉；還有的人滿腹牢騷，總認為自己是一個很厲害的人，只不過沒有被放在合適的位置，於是內心極度的不平衡卻又無計可施。

在公司，我們可以看到形形色色的人。這些人都有自己做事的風格與態度，有的人勤奮上進、有的人偷奸耍滑、有的人混日子、還有的人能力超群。在這些人當中，最容易脫穎而出的當屬勤奮上進、能力超群之人，並且最容易受到上司重視的也是這類人。

能力是甚麼？我認為**能力就是一個人的招牌，一個人的亮點。**你的亮點愈突出，作用就愈大。一個作用大的人，對公司來說自然也就愈被看重，因為這類人往往能夠給公司創造出更大的價值。

一個名叫阿麗的員工，當初進公司之時她應聘的是總經理助理一職，如今卻做了銷售總監。阿麗在工作中表現很突出，不僅能夠完全勝任助理的工作，還特別精通銷售方面的業務。

有一次，總經理帶着阿麗正準備與一位大客戶會談，此時公司卻發生了急需總經理才能處理的事情。但這時如果取消與客戶的會談已經來不及了，再加上公司方面又催得比較緊，總經理只得斟酌再三，最終決定讓阿麗臨危受命。而讓總經理出乎意料的是，在自己向阿麗下達指令的時候，阿麗很乾脆地答應了。

雖然阿麗答應得如此乾脆，但總經理心裏依舊提心吊膽、放心不下，因為這次合作的對象不是一般的客戶，對方要求很尖酸苛刻，尤其是在材料報價這方面一壓再壓；所以在總經理看來，讓阿麗出馬，其實沒有任何的勝算。

最終，阿麗的表現讓公司整個高層都十分滿意。她不僅成功談妥了這項合作，竟還將對方之前一壓再壓的材料報價往上提了兩倍，這件事換作是總經理都未必能夠辦到，但阿麗卻做到了。從這件事之後，即使公司有專門的銷售經理，總經理依舊將很多對外拓展的業務交給阿麗去對接，阿麗不負眾望，每一單都完成得非常漂亮。

後來，由於阿麗的工作十分出色，董事會通過會議決定任命阿麗為公司銷售部的銷售總監。在阿麗的帶領下，整個銷售團隊創下了不錯的業績。

職場中但凡高明的上司，他們懂得如何讓員工發揮出最大的價值，而作為下屬的你一定要學會如何更好地展現自己的亮點，亮點越明顯越出眾，被上司發現的機率也就愈大。即使不被上司發現，你也大可不必擔心，金子總會發光，你如果換一家同行業的公司工作，同樣能夠脱穎而出。

也許有人會反駁，不止是個人的亮點能博得上司的關注，個人的缺點與劣勢依舊也會得到上司的關注。中國有句古話叫「金無足赤，人無完人」。有缺點不可怕，可以改正；有劣勢也不可怕，可以提升。可怕的是，一個人身上毫無亮點可言。因為沒有亮點的人也就沒有可取之處，平庸在所難免。

查理・史茲韋伯曾説過：「每個從事他所無限熱愛的工作的人，都能取得成功。因為他們每個人身上都有關於工作性質類的亮點，這些亮點恰恰能讓他們更好地在人群中被重視。」

如果此刻的你正在為無法被重視而焦慮，那麼我建議你不妨培養自己所在的專業領域內的亮點。做出與眾不同的成績，或者是培養與工作相關的其他出眾的技能。

實現自我亮點的培養，還有一個重要前提，那就是必須準確、清晰地找到自己的強項，只有知道自己最擅長的是甚麼，你才能更肯定地去實現亮點的出眾培養，才能更好地吸引上司的關注。

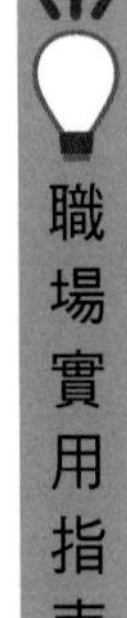

正如管理學大師彼得聖吉所說：「未來唯一持久的優勢，是有能力比你的競爭對手更具備閃光點。」作為下屬的你一定要學會如何更好地展現自己的亮點，亮點愈明顯、愈出眾，被上司發現的機率也就愈大。

21 不要低估任何一種言語的力量

阿偉剛進入公司的時候表現得很優秀，很多工作都能提前完成，上司很看重他。但自從他犯了一次重大的錯誤之後，幾乎在每個小會大會上上司都會提到這事情，經常讓阿偉抬不起頭。不僅如此，上司還經常會當眾指出他在工作中的一些小錯誤，還對這種行為冠上了一個很好的理由「批評有助於他成長」。

不久，阿偉忍受不了這種行為便提交了辭職申請，雖然上司再三挽留，但他最終還是毅然地選擇了離職。

職場中，很多上司對員工的要求都很嚴格，這並沒有錯，因為工作不養閒人，團隊要發展最好都是精英。於是有些上司就誤以為經常批評指責員工會有助於他們的成長，但我想說的是，有時候學會適度的讚揚往往比批評與指責更能激發員工的積極性。

為甚麼這麼說？下面我就來說一說讚揚所帶來的益處。

一 讚揚實則是在表達對別人的一種認可與尊重，這會大大激發他人的好感

阿帆當初來到公司的時候換了兩三個師傅，但他表現依舊很笨拙，領悟能力也並不是很強，工作效率自然相對較低，讓上司有了將他開除的想法。後來我見阿帆並沒有別人說的那樣差，至少我在他身上看到了一種很好的品格，那就是踏實、性格好。於是，我便主動提出幫助阿帆。

我幫助阿帆的方法與他前面的幾個師傅的方法相反。阿帆某個工作做得太慢的時候以前的師傅可能會說：「你怎麼這麼笨啊？就這點事都做這麼久了還做不好。」而我則會說：「已經很不錯了，不過如果再提升一下工作效率就更好了。我教你怎麼提升工作效率。」

阿帆聽完了我的話之後，第一反應是臉上洋溢着自信，並且信心十足地對我說道：「好，我可以的。」就這樣，阿帆在我的讚揚之下，一步一步蛻變為了精英員工。後來我問阿帆當初他面臨着如此大的壓力時是怎麼克服的，阿帆說，全靠我的讚揚。正因為有了我的讚揚，才讓他更加對自己有信心。當他聽完我的讚揚之後，他的內心深處就不停地告訴自己能行，一定不能讓自己和我失望。

讚揚的力量有時候無法估量，它不僅能改變一個人的工作狀態，更能讓人激情迸發。

二 真誠的讚揚能拉近人與人之間的距離

我想，沒有甚麼比讚美更容易拉近人與人之間的距離了。即使是兩個站在對立面的人，只要一方真誠地讚揚另一方，那麼多半會化干戈為玉帛，很多矛盾都迎刃而解。

試想一下，當你穿着一條新買的裙子到公司的時候，有人對你說：「你買的這條裙子我感覺不適合你，有些不對稱。」有百分之九十的可能你心裏已經產生有一種想要反駁回去的衝動，因為人家在間接地貶低你的眼光。但如果有人這樣說：「哇，你這條裙子在哪裏買的呀？好時尚、好漂亮。」這時，因為別人讚揚你有眼光，你可能瞬間會回覆：「真的嗎？我在×××買的……」可能你們之間的關係也會因這一次讚揚而走得更近。

就以上兩種表達方法，多數人會更喜歡第二種。從人性心理的角度來講，沒有人會喜歡得到別人的否定。因為我們都希望被認可，所以我們一般面對否定自己的人，我們的心裏多多少少會對其產生排斥之感。

三 適度的讚揚能舒緩同事之間尷尬的關係

事實上，很多人的職場之路並不是一帆風順的，他們多多少少都會在前行的道路上遇到各種各樣的阻礙，最讓人揪心的阻礙大多來自與身邊同事的尷尬關係。

舒緩這種尷尬關係的最廉價、最有效的方式就是讚揚對方。可能有朋友會這樣想：「對方阻礙了我的發展，我應該從他的阻礙之中跨過去，而不是主動向他低頭，那樣顯得自己太沒有檔次了。」

但我想說的是一味的剛強並不能解決任何問題。有時候適當地學會低頭，主動讚揚對方的優點，更容易改善彼此的關係。

職場實用指南

不要低估任何一種言語的力量，尤其是讚揚。你在讚揚上司、同事以及其他朋友的時候，其實已經慢慢地在他們心裏塑造了好感。我們要想得到他人的尊重與認可，一定要學會先尊重與認可他人。

22 你是主角，有時也要扮演「配角」

職場猶如一個大舞台，每一位身在職場的人士其實都是這個舞台上的演員。他們因為個人學歷、能力、見識、經歷等的不同而被賦予不同的角色。能力強的一類人通常是舞台上的主角，擔任的往往也是重要的管理類職位，而能力弱的常常是舞台上的配角，擔任的則是普通平凡的職位。但無論是主角還是所謂的配角，最終都是圍繞工作進行展開，即會有分工，也會有合作。

恰恰是這種職位高低的產生，讓很多所謂的職場「主角」擁有高高在上的心理，甚至是看不起比自己級別低的同事。在工作中，他們經常被主角的光環所照耀，因此自控能力差。殊不知，主角與配角之間是相輔相成，相互成就的。主角的光環即使鮮艷，但一旦離開了配角的支持，依舊黯淡無光。

從心理學的角度來說，人要實現心理上的平衡，必須完成由「小我」到「大我」

的轉變。所謂「小我」，就是以自我為中心，封閉的自我。所謂「大我」，就是將自我融入到自己所處的群體、環境乃至社會中，在群體和社會中多擔負責任，與他人和諧相處，懂得角色轉換，站在對方的立場思考問題。

阿儀，是部門的銷售經理。在很多做銷售的同事的眼裏，她是一名十分具有親和力與能力的上級，在她手底下只要工作超過半年的人，基本上能力都不會太差。她所在的公司底下有多家子公司，每家子公司的大小與經營規模都相差無幾。所以，這也給他們每個銷售部門彼此之間相互競爭創造了條件。由於阿儀所帶的銷售團隊綜合實力比較強，所以從開業至今，每個月的銷售業績都穩居公司第一，無一戰敗。

阿儀說：「其實想要打造一支充滿精英的銷售團隊很簡單，除了有一套完整的銷售方法之外，更重要的是要讓他們每個人都成為公司的主角，讓他們找到自己的歸屬感與存在感。這樣，才能更充分地發揮其個人能力。」

阿儀的高明之處就在於懂得如何激發員工的激情與鬥志，從而依靠自己帶出的這個強大的銷售團隊去做出優秀的業績來鞏固和提升自己的地位。

美國阿肯薩斯大學教授莫麗．瑞珀特曾做過一個實驗。她將一個公司的員工分成兩組：參與組和限制組。參與組的特點是戰略遠景清晰，在制定戰略決策的時候每位員工都會參與討論，所確定的戰略決策被員工高度認同與接受；而限制組的特點是戰略遠景不明確，戰略決策制定的參與度低，戰略決策缺乏認同。

經過一段時間的觀察，結果顯示，工作滿意度和組織參與度跟企業的參與性文化氛圍密切相關。參與程度高的那一組顯示，對戰略決策的認同是影響工作滿意度的重要因素之一，而對戰略決策的參與則是影響組織參與度的最重要的因素。

在這項研究的基礎上，瑞珀特教授得出了這樣的結論：企業為員工提供明晰的戰略遠景，加強員工對企業戰略的認同度，增強員工參與設計不同階段的戰略流程的意識，企業將會從中明顯受益。

參與效應帶給管理者的最大啟示就是：只有當員工參與到了公司的決策和管理之中，才能對企業產生最大的認同感和較高的滿意度，才能真正最大限度地讓員工融入到企業中來。因為在這樣的情況下，員工能夠找到極強的歸屬感，也就是能夠真正地將自己當作企業的主人。這樣能最大限度地激發員工的工作熱情，企業才有可能真正實現利潤的最大化目標。

職場實用指南

即使你在職場中扮演的是主角，也要學會在必要的時候扮演好配角——多傾聽手底下員工的意見。就如很多老闆所說的一樣，只有讓員工覺得自己如同公司的主人，這樣才能聽得到底層的真話，看得到工作的弱點，最重要的是這樣才更利於個人及公司的發展。

23 直面委屈，才能更快地成長

阿勇剛告訴我：「兄弟，你那裏有沒有合適的崗位，給我預留一個，我不想在這裏幹了。」知道這個消息，我很納悶。因為前些日子我無意中看到阿勇發的分享貼文全是對公司、對工作感恩戴德的話，怎麼才短短的幾天時間阿勇的話鋒便三百六十度大轉變呢？

我滿是疑惑地問道：「兄弟，怎麼了，你深受上司的看好啊，怎麼突然想換工作了？」

「別提這事了，前幾天上司來視察工作的時候發現我工作的細節沒有做好嘛，便劈頭蓋臉地給我一頓臭罵，並且全盤否定了我做出的所有努力，我感覺很委屈，這份工作不要也罷。」阿勇回答。

「因為受了委屈所以才決定選擇離職？」我接着問道。

「是的，不然我也不會有離職的想法。」阿勇委屈地說。

「既然這樣，我這邊所有工作崗位目前都不適合你。因為一旦做不好，每天都可能會挨罵，我怕你受不了。」我回答道。

實際上聽完了阿勇的回答，即使我和他關係不錯，我也不會贊同他此時換工作，或者答應他找一個適合他的崗位，因為他還不懂職場規則。一個不懂規則的人是不會懂得換位思考。他的自我意識過強，無論去哪裏都會經受不住打擊與考驗。

身在職場，沒有一份工作是不受委屈的，挨罵受批評是很正常的事。沒有任何一個上司會無緣無故地責罵員工，也沒有任何一個上司會無緣無故地褒獎員工；只有你做的工作在上司眼裏完全符合標準，你才可能會得到他的褒獎，同樣的道理，不符合標準，挨批評或者挨罵也是不可避免的，但這些都是成長必經的過程。

上司會站在上司的角度看待問題。因此同過程相比，他們往往更注重結果，無論你的工作過程做得多麼的完美，只要工作結果不滿意，那麼他們定然會全盤地否定你的付出。

人人都愛聽肯定、褒獎、誇讚、表揚的話，畢竟這是人的本性，因為本性如此，所以才有了「忠言逆耳利於行」的古訓。縱觀那些受不得委屈的人，最終又有多少人能夠成就自我？往往最終的結果都是埋沒了自己。他們不懂得從批評中找自身的原因，也不懂得接受批評並改正自己的錯誤，最終便會失去上司的耐心與信任。得不到上司的重視，一無是處自然是常態。

沒有人的職場之路是一帆風順的，往往很多時候我們只看到了別人光鮮的一面，卻忽略了這光鮮背後的辛酸。誰不是一邊哭着奔跑，一邊苦笑着對自己說：「沒事，熬過去就好了。」面對委屈、挫折、困境，最好的方式不是選擇逃避，而是選擇迎難而上，只有這樣才能更好地成長。

身為職場人士，遭受委屈在所難免，當你覺得委屈的時候，不妨試着做以下兩件事。

第一是要學會進行自我反思，學會對問題進行換位思考。如果你實在想不通，那麼就用事實證明你是對的，一旦事情確實與你所做的不符，那麼請及時改正。

第二是當你覺得受委屈之後，積極主動去和批評你、罵你、質疑你的上司交談，悉心聽取他們對你的意見。一般來說，上司都會熱衷於告訴一個積極主動的下屬他們的不足之處，因為他們希望下屬能夠正確地認識自我，審視並改正自己的錯誤。

職場上，愈受不得委屈，愈沒有出息。因為工作都是很苦，過程總是很累的，而所有的公司往往看的只有結果。結果不合格，一切都會被否定。

再則，沒有任何一個上司願意提拔甚至看重一個心胸相對狹窄、受不得委屈的人。所以那些能夠直言不諱地指出你缺點的人恰恰是你生命中的貴人，他們希望你能更好地成長，少走彎路。

那些整天在你面前阿諛奉承、說你各種好的人，才是你真正應該避開的人。職場並非你想像的那麼簡單，這世上沒有不受委屈的工作，即使是老闆也有被客戶辱罵的時候。所以當你學會正視委屈，才會讓你的職場之路越走越順。

職場實用指南

職場並非你想像的那麼簡單，這世上沒有不受委屈的工作，挨批評或者挨罵都純屬正常。即使是老闆也有被客戶辱罵的時候。所以當你學會正視委屈，才會讓你的職場之路越走越順。

24 讓人品走在能力前面

身在職場，一定要重視個人品質和修養。你有一個好的人品，往往能夠得到更好的發展。如果你的人品太差，即使你自身的本事再大，終究也會被公司辭退。

哲學有云：「做事先做人。」如何做人是一門學問，這不僅體現了一個人的智慧，也體現了一個人的修養。無論是職場還是現實生活中，不管一個人有多聰明、多能幹、背景條件有多好，如果這個人不懂得做人的基本修養，人品也很差，那麼他的事業與生活將會大受影響。相反，一個人品好的人即使能力差一點，公司也不會太挑剔，因為這類型的人用着讓人放心。

一位叫阿勇的員工，工作能力雖然不怎麼樣，但他的人品非常好，不是自己的東西他堅持不要，即使有時候客戶偷偷給他小費，他也會一一上繳給公司，特別維護公司的利益。

後來，老闆見他為人正直，在利益面前不為所動，有自己的做事原則與底線。便將他送出去學習，還將其調到了核心的工作崗位，使他得到重用。

其實公司裏比他能力強的同事有很多，但為甚麼最後老闆選擇了重用能力稍微弱一些的他？其實很簡單，因為老闆看中的是他的人品。人品好的人，才不會做出有損公司利益的事情，才能將公司的利益放在首位。這樣的員工，也是所有企業需要且能讓上司放心去委以重任的員工。

職場實用指南

人品好的人，即使沒多大的本事，也自帶光芒，無論走到哪裏，都會給人帶來安全感。因為他們的思想相對乾淨、沒有多少雜念，人性沒有多少貪婪，自然也會行得正，坐得直。

「25」別忽視細節，細節往往決定成敗

職場中，相信很多朋友都聽過「細節決定成敗」這句廣為流傳的話，這句話被很多企業的掌舵人乃至很多管理人員引用到工作當中。就拿我以前上班的地方來說，上至董事會、下至部門主管都經常會在各種會議上講細節的重要性。

如果你想要在職場中取得成功，一定不要忽略細節的重要性。比如上司在選人、用人的同時，會對所有競爭者進行一些必要的考驗，在這些考驗當中，對於細節把控的考驗是必不可少的。

多注重細節對你有益無害。不要覺得工作中對於細節的把控不重要，往往這些所謂的不起眼的細節決定着你的職業前途。你別對細節毫不在意，因為你往往容易忽略的便是別人最在意的東西。

阿東被上司安排做一份關於市場調查的資料，他做完之後大致瀏覽了一下，覺得

很完美，內容排版也都沒問題，然後便將資料放到了老闆辦公室。

恰好，老闆是一位心思縝密之人，檢查出他做的這份資料出現了很多錯別字以及標點符號用法不當等細節問題。隨後老闆把阿東叫到辦公室批評、指責了一通。不僅如此，原本老闆叫他提交的調薪申請，也因為這事情被打了回來。

事後，阿東有些後悔，不僅自己的表現在老闆心裏已經大打折扣，原本板上釘釘的加薪也因為自己的不認真而落空了。

職場如同戰場，戰場上疏於對細節的掌控，可能會讓敵軍看出破綻，導致全軍覆沒；而職場上，對於個人來說，疏忽細節則會讓上司與老闆認為你做事情不可靠從而認為你這個人不可靠，這樣的認為可能會毀了你的前途；對於團隊來說，無論是管理細節還是營銷細節，或者是其他方面的細節，一旦對其疏於掌控，最終可能損害的就是公司利益。

所以，細節不僅僅能決定個人成敗，也能決定團隊成敗。

職場實用指南

重視細節的人才有可能對工作認真仔細，因為他們大多不會敷衍了事、應付工作。再則，很多事情的成功都是由細節決定的，一個做不好細節的人，在職場中註定不適合做太縝密的工作。

26 有一種不可或缺的精神叫擔當

據一項研究調查表明，公司能否持續發展、能否創新、能否達到更高的業績，關鍵的因素不只在於高級管理者的才能，更在於是否有一批具有執行能力與擔當精神的中層管理上司和專業人才。可見，對於職場人士來說，擔當精神是多麼的重要。那麼，是否有提升個人擔當精神的方法呢？當然有。

一 養成行事果斷、乾脆利落的風格

行事果斷、乾脆利落，不僅僅是基層員工升職的一項必備能力，也是中層管理者最為重要的內在修養。在工作當中，即使你是一名普通的員工，如果能做到說話做事乾脆利落、從不拖泥帶水，那麼一定會得到上司的認可。這不僅彰顯着你的個人膽識，也彰顯着個人的行事風格。身為上司者行事果斷、乾脆利落，在下屬面前能樹立自己的威信與魄力，更容易獲得上司的信任，讓其看到你的內在才能，從而更放心的交給你更重要的工作。

二 讓自己具有承擔錯誤的勇氣，不推卸，不逃避

無論是公司在選管理層，還是管理層篩選員工的時候，除了會考核候選人員的個人能力之外，一定會對候選人員的個人修養進行綜合評估。個人修養包括為人處世、人品、以及是否具備承擔錯誤的勇氣等。

一個不能正視自身不足之處與過錯的人，即使能力再強，也不會受到公司的上司者的待見。畢竟這類人通常在遇到問題之後，只會想着怎樣去逃避、推卸問題，而不是去正面地看待、解決問題，最終不僅不能讓問題得到解決，還會讓問題變得更加嚴重。

在《人性的弱點》一書之中提出了這樣一個概念：「人與生俱來的本能是喜歡聽好聽的、認可自己的話，卻很難接受那些真正批評與否認自己的話。」不難發現，在工作中有的人即使自身有很多不足之處，也學不會如何去認識自己，甚至在別人指出他們不足之處的同時，他們還會大力地反駁，不僅不會感激他人，可能還會對其心生怨恨。

那麼，該如何才能更好的糾正這種思維謬誤呢？

一、樹立自信，正確認識自己的不足。害怕被人否定，實則也是缺乏自信的一種表現。在工作中，自信來源於自身對於工作結果的認可度。因此在工作中，一定要將屬自己工作範圍之內的事情全力以赴地完成。這樣做有兩個好處：一是增強自身對於工作結果的滿意度；二是樹立自己對於工作的信心。

即使最終的工作結果被上司否定，也只能說明你做的工作在上司看來還不夠好。此時，應當正確地認識自身的不足，虛心接受上司的意見，從而才能更好的改正。而不是面對上司的否定就心生各種不爽與找各種你認為充分的理由去否定別人的意見。

請記住：上司更看重結果。

二、勇於嘗試，將自身所遇到的問題作為一個挑戰。在工作中，每個人都會遇到各種各樣、大大小小的難題，在面對這些難題的時候，一定不要試圖去逃避，最恰當的做法是勇於嘗試，將自身所遇到的每個問題作為挑戰，然後再去完成這些挑戰。

你一定要相信，所謂的成長其實也就是一個不斷解決問題的過程，解決的問題愈多成長就愈快。只有你的經驗愈多，最終的底氣才會愈足。

三 強化執行能力

執行力，對於個人而言是辦事的能力，對於團隊而言是戰鬥的能力。缺少執行力，也就失去了鮮活的動力，最終做出的工作可能就不盡人意。

尤其是作為個人而言，較強的執行力往往能讓其在工作中很快地完成任務，對待上司所下達的指令都能很快的落實下去，具有高效的作用。這樣一來，對於上司所要求的結果就起到了很好的導向。

執行力太差一定會導致工作完成的進度滯後。試想一下，上司在給你安排一項工作的時候通常會給予你一個完成的期限，如果工作被滯留，那麼為了不超過這個期限，你一定會只顧着怎樣才能更快地完成任務，而忽視掉這期間的工作質量。「趕工型」的態度最終會交出令上司滿意的工作成果嗎？大多實例證明，這樣的工作結果多多少少會出現各種令上司不滿意的問題。作為下屬來講，為了能證明自身盡心盡力地在工作，一定會找一番説辭去試圖得到上司的理解，但上司真的會理解嗎？即使上司表示理解，你的行為也會在上司心中大打折扣，慢慢失去一定的信任度。

強化執行的最大好處，就是能讓自己更高效、更合理地規劃工作進度，從而更高質量的完成工作任務。

職場實用指南

具有擔當精神是上司層選人、用人的必考項之一。一個連自身缺點與錯誤都不能坦然接受的人，真的很難讓上司相信他能勝任比當前工作更深層次的工作。即使能力再強，缺少擔當精神依舊也很難受到重用。

27 你得不到上級認可的兩大原因

工作中，關於「得不到上司認可」、「自己究竟是去是留」這些問題我經常遇到，其中讓我印象最深刻的一次便是發生在我身邊的故事。

三年前的某天，我給丁老闆送發票的時候恰好遇到這樣一件事情。當我走進丁老闆辦公室的時候，他正在給他的助理簽離職手續，簽完之後他的助理給我遞了個眼色便面色難堪地離開了辦公室。丁老闆示意我坐下，然後轉過身去泡茶，在泡茶的同時，我聽到他隨口說了一句：「情商這麼低下，工作再好也無用啊！我要這樣的助理只會增添阻礙。」我瞬間秒懂，原來丁老闆的這位助理是間接性被他辭退的。

丁老闆不知道的是，我和被他辭退的這位助理關係不錯，因為我們私底下因為工作打過很多次交道。於是我問他做得好好的工作為何突然間就辭職不幹了，這位助理朋友給出的回答是：「努力了那麼久，始終得不到認可，也得不到好的臉色，因為得不到認可而選擇離職。」當然，我沒有告訴他，我見到丁老闆背後諷刺他的一面，畢竟不想讓他離開之後還帶着傷心與遺憾。

雖然我不知道這期間他們發生了怎樣的故事，但敢肯定的是，助理朋友因為得不到上司的認可而被迫選擇了離職，並且從始至終，他的上司就沒有從心底認可過他這個人。

一旦得不到認可，所做的事情無論多好，終究也難以得到認可。

如果你自認為做得很多，付出得很多，但你的上司就是看不到，不認可你。那麼這時，你就應該得好好反思自己和分析上司的為人處世了。

首先你得反思你的工作表現能否達到上司的要求甚至超出上司的要求？

其次你得反思自己的情商是否夠用，是否達到上司的標準？

再則，你是否做過某些非常有價值的事情，樹立過自己的專業形象，是否有一定的專業度？如果你不能在結果方面超乎上司的預期，那麼你在你上司的眼裏也終究是格格不入。

如果以上幾點，你都達到了，可還沒有得到上司的認可，那麼我只能勸你盡早離開這家公司；因為你的上司可能真沒有太在意你，或者說你的上司針對你的不是工作而是你本身。

如果針對你本身，那麼你很有可能已經被上司列入了出局的行列，只不過差一個冠冕堂皇的理由而已。

職場實用指南

如果上司只認可你做的工作，而不認可你這個人，那麼可以選擇離開；如果上司認可你的人，而不認可你的工作，可以選擇暫時性留下來好好打造自己。

很多人都願意和情商高的人共事，因為和這類人共事不僅能夠讓自己感到舒服，還能營造出一個輕鬆愉悅的工作環境，讓自己的心情得到放鬆。高情商的人會說話、懂規則、懂得如何掌控自己的情緒，深諳與上司及同事的相處之道，因此他們的職場之路基本都很順暢，不會遇到太多的阻礙。

CHAPTER 4

提高職場情商
你需要知道的方法

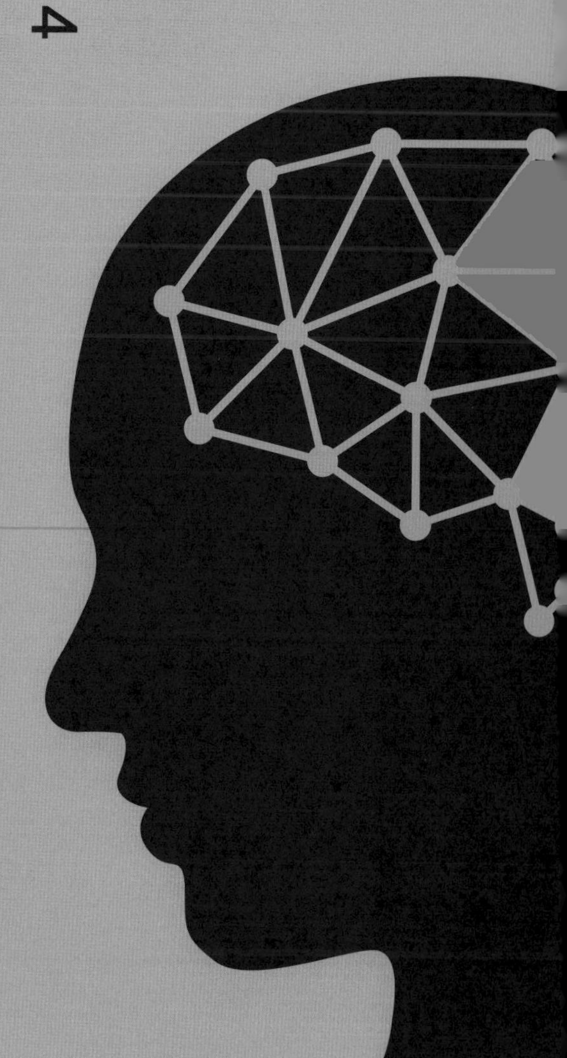

28 人緣好的人，都是會說話的

現實職場中，我們可能會遇到這樣的情況：當你受到了上司的表揚，原想與同事分享快樂之時，沒想到同事卻反唇相譏，認為你是做作炫耀。也許是同事不會說話，也許是你不會表達，讓這段同事之間的感情可能就此畫上了一個句號。最終，彼此心裏產生無法消除的隔閡。

那麼該如何避免這類尷尬的事情發生呢？我認為應該從語言的表達形式上改進。

如果你認真觀察身邊那些成功的人士，你就會發現他們不僅左右逢源，身上還有一個共同的特質，那就是會說話或者說話的方式令人舒服。所以，很多時候普通人不能擺平的問題，他們卻能通過自己的表達方式去擺平；普通人不能談妥的業務，他們能通過自己的表達方式去談妥；普通人不能說服的人，他們能通過自己的表達方式去說服。說到底，這都歸功於人家具有紮實的語言表達藝術。

一 會說話的人，委婉；不會說話的人，直接

學會委婉地說話，不必把容易得罪人的話說得太直，給自己工作增加阻礙，從而讓自己沒有退後的餘地。

阿波是一個率直的人，耿直率真，說話從來不扭扭捏捏，用他的話來說，做人就得爽快一點，不躲躲藏藏，這樣才能顯得「大氣」。不過他自認為的這種「大氣」反而害了他，讓他在剛入職的第二天就被上司給辭退了。

原因是這樣的。阿波入職的第一天，說話便直來直去。對部門上司說：「不瞞您說，我覺得您們這員工的行為習慣差，您看，人走了凳子都不收拾。」上司聽了之後只是尷尬地笑了笑。

第二天，阿波依舊直來直地去對上司說：「我來了兩天了，學習得也差不多了，你應該給我獨立分配工作了。」上司笑了笑說：「雖然你本事大，但我們實習期為一個星期，再過幾天也不遲。」阿波答道：「你這是瞧不起我啊……」上司無語，覺得阿波無法溝通，後來直接叫他走人了。

阿波走的時候依舊一臉無奈，直到上司對他說了一句：「有時候話說得太直就沒意思了，很容易傷害別人與自己。」

其實阿波完全可以憑自己扭轉局面，只需要在語言表達上委婉一些，一切問題可能都不是問題。

二 會說話的人，責己；不會說話的人，責人

誰都不喜歡被別人否定，但別人既然能說出你的不是，那麼想必你在某些方面有一些欠缺。

這個時候，心理質素弱的人可能會控制不好自己的情緒，與之爭論、辯駁。

但真正厲害的人則懂得虛心受教，有則改之，無則加勉。

英國哲學家霍布斯曾說：「學會感謝那些能指出你的缺點的人，即使你沒有這方面的缺點，也不要立即反駁回去。做一個謙卑之人，學會責己，才能贏得更多的尊重。」

三 會說話的人，分析；不會說話的人，爭論

會說話的人都有一個特質——無論面對怎樣的場合都會處之泰然。

職場充滿了太多的不確定性，如果不能掌控好說話的藝術，可能很多時候會因為一句不經意的話得罪了別人。

在工作中，一定要學會控制自己，不要信口開河，事事要提前想一想可能帶來的後果，理性分析，這樣才更有助於你在職場的發展。

職場實用指南

語言是一門藝術，無論是用於生活中還是職場。語言用到位，事事順利，用得不到位，處處受阻礙。

29 不要讓上司覺得你不懂「規矩」

之前已經講過，職場如戰場，職場是一個充滿了考驗與競爭的地方。許多職場人士為了能得到更好的發展，會想出不同的辦法來證明自己。我在很多文章中都講過，想要證明自己最好的方法就是靠自己紮實的本事，做出好的成績讓上司對你刮目相看。但凡事總有例外，有很多本事不濟的人依舊能在職場上混得風生水起，他們究竟是如何做到的？

對於職場新人和只想安安心心工作、不想和其他人競爭的人來說，能穩定在一個地方上班是一件很不錯的事情。但對於那些有志向、有競爭意識、有想法的人來說，這不只是關乎智商的考驗，還時刻考驗着一個人情商的高低，所以要想出人頭地，不僅要有出眾的工作能力，還需要得到上司的賞識。

一個懂規則、講規則的人，往往更容易得到重視；因為他們懂得如何與同事、上司合作，工作中也會講究原則，懂得做事的分寸。另一方面，這也說明了和上司相處的方式愈舒服，得到賞識的機率就愈高。

通常來說，職場中懂規則的人都深知以下三點與上司的相處之道：

一　擁有與上司相同的價值觀

何為價值觀？每種職業都有各自的特性。不同人對職業意義的認知也有不同，而所謂的職業價值觀就是對職業好壞有不同的評價和取向。不同的職場上司對自身所做的職業有着不同的評價和取向，他們通常會在平時的工作中將這種評價與取向表現出來。作為下屬，只要平時多留心觀察上司對於工作所保持的態度和目標期許，就很容易與上司站在同一水平線上，至少會緊跟着上司前行的步伐。

比方說，有些上司在給團隊開班前例會的時候會講一些對於工作的要求，和對待工作的態度以及所要完成的目標等，這些實則都屬職業價值觀的範疇。

何謂相同的價值觀？顧名思義，也就是說下屬與上司對大部分工作內容的看法都相近，對事物的認知也是接近或相同的，這樣的雙方就屬志同道合的一類。

志同道合最大的好處就是在工作中，上下級合作起來不費力，具有共同的方向，能更好地將自身的才能有目的性地發揮出來，做到價值的最大化。

二 擺正位置、分清主次

阿帆和他的好朋友阿和之前都在同一個部門工作，但不同的是阿帆的職位是部門主管，而阿和則是他手下的員工。

雖然他倆平時關係很好，無話不談。但一旦回歸工作，阿和對於阿帆安排的工作從來都是無條件支持，也從來沒有任何怨言與牢騷，對他也是畢恭畢敬。

後來，由於工作表現比較突出，阿帆升到了總經理的職位，他立即將一直跟隨他的阿和培養成了公司的管理骨幹，帶着他一起開拓新的市場。

雖然私下阿帆和阿和是朋友，但阿和懂得擺正自身的位置，分得清主次，所以職場前途一片光明，還得到了更好的提升。如果阿和經常以好朋友的關係對阿帆進行道德綁架，估計兩人早就一拍兩散了。

所以在工作中，一定要學會擺正自身的位置，弄清主次。對待上司，無論你們私下關係有多好、你的能力有多強，一定不要自以為是，基本的尊重一定要有，上司安排的工作一定不要當面表現出你的不滿情緒，有意見你可以選擇先服從，然後私底下找上司談你的看法。

只有擺得正自身的位置，分得清主次，才能更好地保全自己與表現自己。

三 匯報工作有方法，不是匯報得愈多，上司就愈重視

匯報工作也是一門學問。

有些職場人士對於上司交代的事情就算是提前完成了，也不會向上司匯報，而是等着上司主動來詢問工作進度，這種做法其實並不好。這會讓上司覺得你主動性不夠，甚至會令某些上司產生反感的情緒。

還有些職場人士無論遇到甚麼事情都跑去向上司匯報。拜託，上司有時真的很忙，同匯報問題相比，他們更想聽到你主動去解決問題的態度及方式方法。本來有些工作中的小事自己能夠完全解決，但還跑去向上司請示，自以為這是以上司為中心，實則是讓上司質疑你的工作能力。

所以，分清匯報工作的方式極為重要。

在匯報工作的時候，一定不要以為向上司匯報的次數愈多就愈受重視；恰恰相反，次數愈多上司愈反感。上司的事情也多，除了很重大的、需要上司決策的事情你必須匯報之外，其餘雞毛蒜皮的小事能解決就自行解決，一定不要讓上司質疑你的能力。

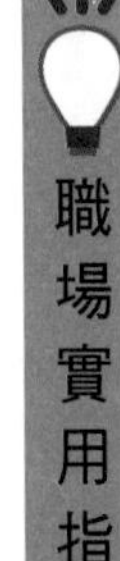

職場實用指南

怎樣才能獲得上司的賞識？其實並不難，能力、才華、工作態度以及滿意的工作結果都可以讓你脫穎而出，但前提是一定要讓上司知道你是一個懂規則的人。

30 做對的「題」，了解職場規則

每個行業都有自己的行業規則，這些規則大多都相同。對於一個精通規則的職場人士來說，這些規則對自己毫無意義；因為他們深諳職場的處事之道，懂得如何規避規則並且將其中的風險降到最小。

然而，並非所有的人都懂這樣的規則，還有一部分人對規則毫不熟悉，因此這些職場人士屢屢碰壁。最近有一位名為阿樂的員工因為不懂規則被公司給辭退了，他的無知讓他丟掉了一份好工作。

事情是這樣的，有幾次阿樂覺得上司安排的工作不合理，於是私下找到上司提出了自己的看法，然而還是被上司給駁回了。這一天，上司在開會的時候還是照常安排工作，阿樂依舊覺得很不合理，於是公然指出了上司的不合理之處。這時候阿樂以為上司會接納他的建議，讓他出乎意料的是，上司不僅不聽取建議，還公開批評了阿樂。阿樂覺得很委屈，可讓阿樂沒有想到的是，上司後面的做法更是讓他難以接受。會議剛結束，阿樂便被上司叫到了辦公室，直接讓他辦理離職手續。

阿樂很懵，自己明明就沒有做錯甚麼，而且工作表現也很不錯，就這麼不明不白被開除了，實在讓人有些想不通。

在這個案例中，阿樂之所以被上司開除，是因為他觸碰了職場某些不能觸碰的規則，那就是公然質疑上司，並私下三番四次質疑上司的工作安排，讓上司難堪、很沒有面子。上司之所以是上司，就是因為他有統籌安排以及檢驗工作的權利。當他感到自己的權威被蔑視、被挑戰的時候，一定會做出一些維護自己管理權威的舉動，不然，又如何服眾？

所以**第一條不能觸及的規則就是：不要公然質疑上司安排的工作。**

在上司沒有徵詢你建議與看法的時候，更不要自作聰明地去建議上司如何安排工作。上司這樣安排工作，無論合理與不合理，做下屬的只管先去落實就行了，至於工作方向的對與錯，上司自然會擔起後果。

上司很注重自己的管理權威，也很希望下屬無條件支持擁護自己的工作安排，所以一定不要公然質疑上司的工作安排，否則會讓上司顏面盡失，威嚴大打折扣。那樣，上司一定會視你為眼中釘，想方設法將你拔出。

一 多問選擇題，少問問答題

職場中，我們通常會聽到這樣的話語，上司在安排一項工作之後可能會說，「遇到甚麼困難隨時找我溝通」。於是很多職場人士遇到問題便去找上司解決。找上司解決並沒有錯，但一定要注重方式。

找上司解決困惑的時候，高明的下屬一定會提前想到幾種解決方案，供上司作參考。而不是甚麼都不想，一味地問上司要解決方案。經常這樣做，上司只會認為下屬無能，因為請你是來解決問題的，而並非製造問題。

所以，一定要盡量給上司出選擇題，而不是出問答題，上司沒那麼多精力解決屬你工作範圍之內的事情。

二 提問題帶上建議

參加過管理會議的人士都會知道一些基本的程序，其中有一個程序就是提出遇到的問題再解決問題，但很多職場人士只做到了提出問題，卻最後讓上司想解決方案。顯然這並不是好的提問方式，一個好的提問方式一定是帶上個人建議的，無論你的建議最終是否被採納；如果只是單一的提問，會讓上司覺得你做事不認真，做事不動腦筋。屬自己工作範疇之內的提問，盡量想一兩套相應的解決方案。

三 少談個人感受，多談與事實結合的觀點

職場中，有一類人不怎麼受上司的待見，是因為他們在遇到問題或者處理問題的時候總喜歡談自己的感受，往往不與事實結合，只是自己一個人的主觀看法。

多談與事實結合的觀點更有利於工作的進行，因為有理有據往往更有說服力，也更容易讓人接受。

四 對於上司安排的工作，一定要及時回覆

上司給你一項任務，無論是通過電話或者其他方式告知你的，一定要及時正面回覆，這樣上司才會對你的工作認真程度給予認可。

對於上司安排的工作，隨時匯報工作進度，讓上司知道你的工作進度有利於上司為你安排下一項工作，同時也表明了你對上司安排的工作高度重視。

職場實用指南

馬斯洛需求理論告訴我們，每位職場人士都有被尊重的需求。然而要想獲得更多的尊重，必須獲得上司的信賴及重視。這樣自己才能得到更大的權利及更多的管理資源，去完成別人無法完成的任務。如何才能得到上司的信賴及重視，很多時候取決於你與上司的相處模式。

31 獨享其功勞，終究會獨嘗其苦果

阿德是某建材公司的老總，因為表現出色，所以他深受公司董事長的看重。對於阿德提出的很多要求，董事長幾乎是有求必應。在他提出的要求之中，其最讓人津津樂道的便是每個月超額完成業績的獎金。

阿德所在的公司，從一開始實行的便是績效考核制度，所以對於他來說，想要成功申請這所謂的「每月超額完成業績的獎金」確實具有一定的難度。為了能順利將這項獎金申請下來，阿德私下讓整個銷售部成員聯名上書給董事長，然後依靠自己的職位之便順利地將此事辦妥。

阿德的這個舉動確實大大地提高了整個銷售部的激情與鬥志，因為對於銷售部的成員來說，談錢才是硬道理。於是在這項獎金成功申請下來之後的兩個月裏，阿德帶着整個銷售團隊創下了業績的歷史新高度。但最終阿德告訴銷售部成員，因為董事會臨時反悔，不贊同獎金這件事，所以這一次並沒有拿到這筆獎金。整個銷售部的成員聽了阿德的話之後，雖然心裏有太多的無奈與不甘，但都具備一定的大局觀，在他們看來，既然是董事會決定的事情，那麼扭轉局面的可能性幾乎為零。阿德原以為此事沒有人再留意，但這世上真的沒有密不透風的牆。某一天，銷售經理同董事長交談的時候，董事長無意間提到了業績獎金這件事，銷售經理才如夢初醒，原來整個銷售團隊都被總經理阿德給騙了。於是銷售經理將事情的過程一五一十地告訴了董事長。

而銷售經理也從董事長那裏得知，關於業績超額的提成，董事會並沒有說不同意發放，而是早已將它發給了阿德，讓阿德適時地發給大家。但在這個期間可能是阿德起了私心，想將其據為己有，所以才對外宣稱是董事會從中作梗。

董事長知道實情以後，甚是氣憤。但考慮到阿德總經理平時在工作中的良好表現與個人顏面，他叮囑銷售部經理，此事的實情先不要告訴任何人，以免動搖軍心，他會私下找阿德談此事，然後給大家一個滿意的答覆。

沒過多久，公司便以阿德總經理有更好的發展前途為由為其舉行了餞行儀式。阿德離開公司之後，董事長便召集整個銷售部同事以開會的方式，分發了阿德私吞他們的兩個月的獎金。當他們拿到獎金的那一刻，心裏滿是疑惑，隨後董事長便開門見山地說道：「我的團隊，絕不會允許私心雜念太重的人存在，屬大家的必定會一分不差地分給大家，但請大家記住，做人做事一定要講原則，不屬自己的一定不要試圖佔為己有，不然也會付出相應的代價。」

阿德雖然很有才華與能力，深受公司上司的看重，但由於私心太重，試圖將整個團隊的功勞據為己有，最終不僅甚麼都沒有得到，反倒被公司開除，自毀了前程。倘若他懂得同銷售部同事分享功勞，只取自己應得的那部分，也不會獨嘗其苦果，落得個身敗名裂的下場。

在團隊合作的時候一定要學會分享功勞，因為每個人都渴望被認可，你只要給予別人認可的機會，人家才會對你產生好感，所以同事之間好的感情離不開互相的認同與欣賞。正如曾國藩所說的：「利益不可獨吞、好名聲不可獨享、功勞不可獨貪。」他從這三個方面告誡我們，凡事給自己留退路，這樣才能進退自如。

職場實用指南

想要更好地得到同事的支持與認可，在團隊合作的時候一定要學會分享功勞，因為每個人都渴望被認可，你只要給予別人認可的機會，人家才會對你產生好感，所以同事之間好的感情離不開互相的認同與欣賞。

32 受青睞的人，都會為公司利益着想

由於個人工作原因，我每天總會與不同的人群打交道。這些人群裏其中最不缺的就是各行各業的精英人士。由於業務上經常會跟這些人有來往，所以我時不時會主動詢問他們用人、選人的標準，得到的答案中出現頻率最多的幾個詞不外乎忠誠、品德高尚、有能力、執行力強、懂得感恩等，這些幾乎人盡皆知的基本要求。然而，最耐人尋味的是出現的另外一個高頻率的句子，這個句子就是「懂得為公司利益着想」。

即使有些被詢問的對象只是中高級階層管理人員，他們也一致認為，一個懂得為公司利益着想的員工確實很容易受到青睞，因為他們大多都有一定的大局觀，會懂得考慮事情的後果，考慮如何才能實現價值的最大化，所以在工作的時候會相對仔細認真很多，做出來的工作成績也相對令人滿意。

可能很多職場的朋友對忠誠、品德高尚、有能力、執行力強、懂得感恩這些詞匯並不陌生，甚至經常會聽上司提及，所以在這篇文章之中，我重點要講的不是以上這些詞匯，而是「懂得為公司利益着想」這個句子，因為很多職場人士對這個句子有偏見。

偏見來源於「利益」。為此，我還對二十位來自不同行業、做了多年普通員工的職場朋友進行了一項調查，調查的主題實則也是「在工作之時，會不會考慮公司的利益」。得到的答案讓人震驚：有十七位朋友表示在做好自己的工作之時，不會為公司利益着想，因為這並不能讓他們拿到更多的薪金，所以沒必要那麼賣力。只有三位同事表示，會為公司的利益着想，只不過這得看是否威脅到了自身的利益。這個真實的調查反饋出的結果，最終離不開的還是「利益」一詞。換言之，從員工層面來講，大部分員工都認為拿了多少薪金就做多少事，只要不涉及個人利益的缺失，所謂的公司利益實則與自身沒有多大的關係。

他們的想法在上司層與老闆階層看來可能是有些不負責任，但實則對自身來講並沒有錯。普通員工的思維就是如此，拿着相應的薪金做相應的工作，誰還有閒心顧及其他的事。這也是他們當中很多人做了多年普通員工一直得不到提升的原因之一。

想要受到上司青睞，一定要打破這樣的思維的局限性。即使你是普通員工，也要學會站在更高的立場去思考問題，利益雖然是永恆不變的話題，但老闆開公司、做企業不也是為了獲取利益嗎！當你在以自我為中心的同時，一定不要忘了適時考慮公司的利益，要讓上司覺得你有大局觀，即使你不能做決策，也要實現個人價值的最大化，這也是為公司利益着想的表現方式之一。

一位老闆曾與我分享過他們公司的一些日常。他告訴我，他們公司的員工歸屬感極強，從開業到現在已經有了七個年頭，而員工的綜合離職率卻不到百分之二，公司有很多員工是從他創業初期時就一直在的。更讓他感到欣慰的是，這些從創業初期跟隨他至今的員工裏，即使是一名清潔阿姨也懂得維護公司的利益，他們主動提出用水、用電更節約的方法，提出員工用紙應該實行量化的制度等，這些最終都得到了實施。後來經過實踐證明，清潔阿姨提出的意見確實為公司節約了不少的日常開支。

這位老闆看到如此好的現象之後，便做了一個決定，對這些懂得維護公司利益的員工進行重賞。久而久之，越來越多的員工也開始懂得為公司的利益着想，懂得主動去開源節流，懂得去思考如何才能使公司實現利益的最大化。慢慢地。這便成為了一種企業文化。

在老闆與上司的世界裏還流行着這樣一句話「鍋裏有了，碗裏才會有。」這裏的「鍋裏」指的是公司，而「碗裏」指的則是公司的每位員工。作為員工，想要得到更多的利益，就要懂得為公司的利益考慮。畢竟只有盡可能讓「鍋裏」有收益，自己的「碗裏」才有可能得到更多的收益。

職場實用指南

很多老闆親訴，懂得維護公司利益的員工往往很難得，畢竟鐵打的營、流水的兵，而這類員工，往往會被老闆視為重點「照顧」與培養的對象。

33

管好自己的嘴，照顧好他人的心

在某一個小村莊裏，有一位年輕人準備離鄉別井，去外地闖蕩一番。在離開村莊之前，他去拜訪了村裏面最有名的長老，想尋求些為人處世技巧。

年輕人問長老：「長老，這世界上最容易的事情是甚麼，您知道嗎？」

長老回答：「年輕人，這世上最容易的事情就是說話。」

年輕人又問：「那麼，世界上最難的事情是甚麼？」

長老回答：「還是說話。有的人學富五車，也不見得能把話說好；而有的人沒有任何學歷，卻依舊說話十分中聽。」

年輕人若有所思、似懂非懂。臨行前，他又問了長老一個問題：「怎樣才能把話說好呢？」

長老微微一笑，回答：「其實很簡單，管好自己的嘴，照顧好他人的心。」

長老傳授給年輕人的說話經驗看似只有寥寥數語，但其中的含義卻格外深遠。

很多時候，我們可以管住自己的嘴讓自己不開口說話，但卻難以控制自己的情緒，而情緒失控的話便會讓人想要發洩，最終難以控制住自己的嘴，逞一時口舌之快。至於「照顧好他人的心」做到就更難了，畢竟人性生來就有一些自私的成分在裏邊，但凡涉及到個人利益的時候，很多人難免會以自我為中心。

那麼下面我們就來說一說如何才能管好自己的嘴：

一　學會見甚麼樣的人說甚麼樣的話，不要對誰都一樣

有很多人，對待所有的人都採用一視同仁的說話方式，因為他們認為這樣顯得真誠、不扭扭捏捏，但恰恰是這種心態，可能會害了你。

職業雖無高低貴賤之分，但人有職位等級之分。我之前就遇到過這樣一位同事，他待人很誠懇，對誰都一樣。在他看來，這樣的待人方式足夠真誠，但現實是他卻得罪了很多人。

比方說，有一次他和一位女同事聊天，那位女同事說：「哎，我該減肥了，都這

麼胖了。」他便附和了一句：「其實可以不用減，並不是太胖。」雖然他的意思並不是說女同事胖，但是在女同事聽起來就是間接承認女同事有點胖。最後的結果是女同事聽了當場便「黑面」，頭也不回地走了。而他還滿臉疑惑地問，本來就是啊，難道我說錯了嗎？

當然說錯了，女孩子本來就注重身材，她說自己想減肥其實多半是想聽他誇她身材合格。而他卻還傻傻地跟着人家附和，女同事不生氣才怪。

你可能會對朋友們無話不談，但對待同事就不能這樣，應當注重禮節禮貌。你不能對着孕婦說養小孩的壞處，正如不能對着女同事口沒遮攔。同樣的道理，上司問你工作累不累的時候，你不能對着上司埋怨工作的辛苦，因為那樣你可能隔不了多久就會被辭退。

所以對甚麼樣的人說甚麼樣的話就顯得極為重要。一定不要對誰的說話方式都一樣，即使你覺得這樣待人很真誠，可並不一定能得到別人的好感。

二 分清場合，甚麼樣的場合說甚麼樣的話，不要不分場合，亂說話

簡單來說，分清場合就是懂得甚麼樣的場合說甚麼樣的話，這需要你自身對其場

合先進行判斷。

例如開會談工作是屬正式場合，通常都比較嚴肅，那麼你就不能嬉皮笑臉地和其他同事談與工作無關的事情。正確的做法是該提問題就提問題，該保持沉默就保持沉默，該發表意見就發表意見，其餘時間應該認真聆聽上司安排的各項工作。

同樣，在和朋友們聚餐、放鬆的時候，你就不能提起你的傷心事或者別人的傷心事，那樣就破壞了整個放鬆的氣氛。

一般來說場合分為兩種：一種是正式場合，比如和上司交談、開會、相親等等。這類場合需要你嚴肅去對待，從穿着打扮到言行舉止，盡量要顯得自己沉穩大氣；另一種則是非正式場合，如和一群志同道合的朋友聚會，外出遊玩等等。在這類型的場合中則不必太過拘束，但也要有自己説話做事的底線與原則，因人而異地去做自己。

説完了如何管好自己的嘴，下面我們就來説一説如何照顧好他人的心。照顧他人的心，顧名思義也就是如何做到讓他人承認你説話的方式。想要讓別人打心底承認你，我認為你一定要做到以下這一條：

心理學上有這麼一個思維，稱為「逆向思維」。逆向思維也叫「求異思維」，它是將事物或觀點反過來思考的一種思維方式。那麼將這種逆向思維運用到人際交往上就變成了我們常常說的換位思考。

為甚麼要學會換位思考？原因很簡單，因為每個人的經歷、背景、能力、思維認知以及對於情緒的把控度都有所不同。為了避免彼此溝通時引起矛盾，為了更好地達到溝通的目的，我們都要學會換位思考。

比方說，有的人生來就欺善怕惡，你若是溫柔地和他說話，可能他比你還囂張，這時候如果站在對方的立場上來考慮，正確地應對方式是你應該比他還囂張，這樣才能震得住他；同樣，有的人生來受軟不受硬，你若是顯得比他脾氣還大，那麼最終可能是兩敗俱傷，正確的處理方法就是「以柔制剛」；還有的人喜歡聽好聽的話，那麼你就可以投其所好，先恭維他一番，再慢慢步入正題，才能更好地達到克敵制勝的效果。

換位思考的好處就在於，能大致掌握對方的心理活動，更有利於下一步「攻心策略」的開展。

職場實用指南

很多朋友曾留言問我如何才能提高自己的說話之術，我也一直在研究學習。我認為最高級的說話之術，是管好自己的嘴，照顧好他人的心。

34 職場猶如戰場，謹記紀律規則

職場裏的工作如同戰場裏的行軍打仗，因此在你上戰場之前一定要熟悉規則，否則還沒有正式拼殺，便被規則絆倒，那就得不償失了。

下面我們就來說一說哪些職場鐵律是不可觸碰的。

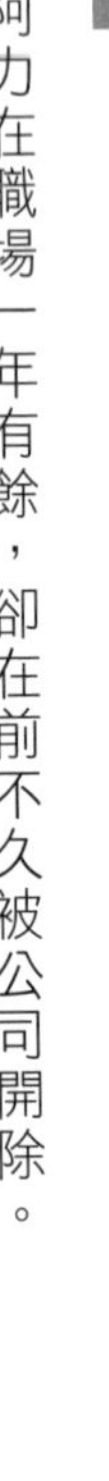

一　切勿私自打聽同事薪金，或者告訴同事你的薪金待遇

阿力在職場一年有餘，卻在前不久被公司開除。

當公司人事經理告訴他不用再來上班的消息之後，阿力一點都不理解，還以為人事經理在跟自己說笑。沒想到人事經理卻遞給他一張離職單。阿力接過離職單的那一刻有些錯愕，原來人事經理並沒有說笑，這一切都是事實。

阿力問人事經理自己被辭退的原因，人事經理回答道：「你觸碰了公司的保密規則，私自洩露自己的薪金，造成了很多同事的不滿。經過公司上司共同會議商討後，他們覺得讓你離職是最佳選擇。」

阿力回想了一下，恍然大悟。想起前兩天同事阿玲不經意間問起自己的薪金待遇如何，阿力以為阿玲只是隨便問問而已，所以便告訴了阿玲。最終讓阿力沒想到的是，阿玲的薪金比他的薪金整整低了一個等級。而最終事情變成這樣，一定是阿玲私底下去找了上面的上司，引起了上司的強烈不滿。

這樣一想，阿力對自己的做法充滿了後悔。可是人要為自己所犯下的錯誤結賬，最後私下打探阿力薪金的那位同事阿玲也被開除了。

很多公司在員工入職的時候都會讓其簽署一份保密協議，規定不準私自打探他人薪金，這並非沒有道理。由於每位員工的工作能力不同、表現不同，從而做出的成績不同，所以同一個崗位的薪金可能也會分為三六九等。但為了杜絕員工們的心理不平衡，所以讓員工在工作期間對自己的薪金保密是最好的做法。

如果工作中有同事私下打探你的薪金，你可以委婉推脱，或者反問對方。當對方告訴你他的薪金的時候，你可以回答「我們都差不多」或者「你比我高一些」。切記，無論你真實的薪金是否比其他同事多或者少，一定不要因為待遇的不同而去找上司理論，否則最後可能會受到公司處罰。

二 不要在上班時間做與工作無關的事

相信很多職場人士有這麼一個習慣，那就是無論走到哪裏都習慣性地拿出手機來玩耍。拿手機的目的可能是回訊息、上網、看影片等等。

除此之外，還有一部分人利用上班時間兼職多份工作。這些工作並不是不可以做，但一定要在下班之後去做，否則你也許能夠得到物質上的滿足，但也會因此而失去很多晉升的機會。

縱觀整個職場圈，那些有大成就的人都有一個特點，那就是做事專一、認真、分得清場合，就算自己上班有多餘的時間也不會做與職業無關的事情。這就是一個人基本的職業道德操守。拿一份薪金，就得做相應的事情，而不是「帶薪出軌」。這是行業內所不允許的，也是老闆所厭惡的。

三 不要玩辦公室政治，更不要內鬨

通常來說，辦公室政治一定把員工會分為幾派。之所以分為幾派，主要是因為同事之間的關係不合、意見不統一或者工作不愉快等因素造成的。

但無論由於怎樣的原因，作為職場人士的你一定不要參與到辦公室的政治鬥爭中，因為那是上司所不願看到的，也是老闆所不願看到的。在他們的眼裏，公司作為一個團隊，員工之間最好的相處方式是互幫互助、相互尊重。

即使做不到這樣，也一定不要輕易站隊。很多人會因為人心的不合、同事之間工作的不配合而輕易站隊，希望以此來達到自己的目的。殊不知，這種做法是不明智的。

當其他同事試圖拉你和他一起針對某個同事或者拒絕配合某個同事的工作的時候，你可以委婉拒絕對方，這樣就表明了你有自己的立場，不輕易站隊。

四 不要做有損公司利益的事

很多職場人士不僅吃着碗裏的還私自在鍋裏拿，用這樣的方式來填充自己的腰包。老闆待他們不薄，衣食住行全包，每個月都按時發薪金，並給予各種福利。但員工做事毫無原則，居然背地裏損害公司利益，這是公司所不能容忍的。

在訊息發達的時代，不要試圖做一些有損公司利益的事情。世上沒有密不透風的牆，最終贏了小利可能會失去自己光鮮的羽毛以及自身的名譽和前程。

職場實用指南

「職場猶如戰場」，在你還沒有上戰場之前一定要先了解規則。即使你懂得如何做好工作，但有些立場你不得不堅守，只有這樣你才能在職場中走得穩當。

35 你的衝動，可能會害了你

由於人生來就具有爭強好勝的天性，所以無論是在生活中還是在職場中，很多人都會很容易出現與別人的觀點、想法、意見不合等因素而導致爭論的情況發生。

比如，生活中，也許我們會因為和家人的觀點不合而發生爭執，但出於親情的緣故，無論對與錯，大多時候都會有一方主動讓步。如果都不懂得讓步，可能會在衝動之下，做出傷害彼此的事情。近年來，隨着傳統的倫理道德受到現代化的衝擊，親情犯罪的比例不斷地提高，釀成了很多悲劇。然而，導致這些悲劇的發生的原因大多是從家庭成員之間很小的爭執開始，而後引發情緒大幅度波動，讓當事人頭腦瞬間失去理智，才使行為變得衝動。

即使如此，親情總歸是親情，就算爭執再激烈，只要沒能釀成悲劇，事後總有一方會主動去調節這種尷尬的局面，甚至是低頭認錯。但為了防止悲劇的再次發生，我在這裏還是建議大家在生活中多與家人進行溝通，無論遇到多大的事情，受了多大的委屈，都盡量心平氣和地溝通。

在社會交往中也是如此，素不相識的人會因為一些小的摩擦而得理不饒人，可能還會因為雙方言語不當，無法控制住自己的情緒，最後導致各自會採用不理智的方式去解決問題。

因此，無論是在職場交往中還是在社會交往中，大多矛盾的根源都是由雙方都不懂得如何規避小爭執從而引起大衝突的。從心理學的角度來講，可以把衝突理解為兩種目標或者兩種意見的互不相容和互相排斥的過程，即指個人或面臨兩個互不相容的目標時，心理、行為上的矛盾的對立狀態。怎樣對待這種狀態的發生，實則是檢驗一個人社交能力高度的重要尺度。

經過一系列事實論證，無論怎樣的關係，一旦引起爭論，如果雙方不能保持理智，那麼是很難解決問題的。那麼面對這類的情況，無論你是出於主動還是被動，一定要學會以下三個應對策略：

一　盡可能避免與對方發生正面衝突

先前已經說過，爭強好勝是人與生俱來的天性。恰恰有了這種天性的存在，才會使人容易產生「自我認同需求」的思維。

毫無疑問，幾乎每個人都有被肯定的需求。

舉個簡單的例子來講，你在工作中如果經常被上司表揚，你的整個工作狀態與激情一定是鬥志昂揚且充滿活力的；因為你的付出得到了肯定，為了不辜負這種肯定，你一定會更努力地去對待工作。但如果你經常在工作中受到上司的批評與責備，即使你表面裝作無所謂，實際上你的內心一定會很不滿，說不定還在心底暗自辱罵、批評你的上司。出於心理對於自我肯定的需求，你有這種想法實則是一種常態。但即使對方否定你的付出，你的這種需求和你為了保住這份工作的心理，哪怕自己心底再不爽也會裝作虛心接受批評的樣子。因為你知道，對方是上司，你若是敢頂撞對方，或者與其發生正面衝突，他的一句話就可能讓你失業。

縱然「自我認同需求」很重要，而且還可能在同事、朋友、家人或者陌生人面前關乎着你的個人顏面，但有時候真如某名家所說「你爭贏了家人，可能會傷了家人內心；你爭贏了同事，可能會反目成仇；你爭贏了朋友，可能友誼就沒了……」也就是在你贏的同時，可能會輸了其他。

因此，無論你所想要表達的觀點與想法是否正確，一定不要強行將自己的觀點與看法加給他人，更不要因為別人不贊同你的觀點就惱羞成怒。正確的做法應該是心平氣和地與對方交談。如果實在無法交談可以臨時結束交談，畢竟每個人的思維模式不一樣，也許在你看來你是正確的，在對方眼裏並不一定有用。

二 學會控制情緒，當你想要與之爭論的時候不妨冷靜幾秒

富蘭克林曾說：「如果你老是學不會控制情緒，老是愛爭辯、反駁，即使能獲勝，但那只是空洞的勝利，永遠得不到對方的好感。」

曾經看過這樣一個問答：情緒失控是一種甚麼樣的體驗？

有位網友寫的留言是這樣的：

甚麼都不會想，甚麼也不會顧，只要能拿得起的東西統統都被扔掉了，扔掉這些東西的時候覺得心理很氣憤，卻是一種享受。

邊憤怒邊踢能夠踢到的東西，包括桌子、凳子、牆壁等等，整個人只想發洩、再

發洩，任何人都無法阻擋。

當自己發洩完之後，才發現自己原來做了那麼多的荒唐的事情，桌子被踢壞了，心愛的玩具、喜歡看的書、親愛的送的禮物統統被自己扔了，心裏瞬間後悔至極。原來，不會控制情緒是這麼的可怕，會讓一個人失去理智，做出一些荒唐的舉動。

一個不會控制自己情緒的人，很難成為一個勝利者。他們會被很多瑣事影響導致自己情緒失控，失去理性，從而輸掉自己。

拿破崙曾說：「能控制自己情緒的士兵，比能拿得下一座城池的將軍更偉大。」所以當帶着情緒想要與人爭論的時候，一定要學會先控制它，讓自己冷靜幾秒，這樣你會才不至於在衝動之下做出一些錯事。

理智，往往能讓你掌握主動權，不至於淪為情緒的奴隸。

三 即使你有理，在對方情緒未平復之前，一切都是徒勞

據心理學家弗洛伊德·西格蒙德所説：「通常來説，人的情緒受到一定的外部刺激，憤怒之時，不僅很難聽取別人的建議，而且還會在短時間失去一定的自控能力。」

如果人在短時間內失去自控能力，那麼說話辦事就容易很衝動、計較，容易得罪人，做出不計後果的事情。因此，當你在同別人溝通交流之時，如果發現對方情緒波動比較大，甚至有些憤怒，那麼一定不要試圖和對方講你所認為的道理。即使你的道理很符合實際，也不要試圖以此來說服對方。因為對方不僅聽不進去，說不定還會做出傷害你的舉動。

當你遇到這種類似的情況，一定不要與其太認真，更不要與其發生太大的爭執。你一定要明白，在對方情緒未能得到平復之前，任你說得再多，再有理，在對方看來都不如他自己。

俗話說：「忍一時風平浪靜，退一步海闊天空。」**有時候忍讓並不是懦弱，而是一種以退為進的策略。**

職場實用指南

在職場中與同事發生爭論時，由於彼此關係層次的不同，很多人會因為所謂的「面子」而死撐到底。但凡一方不懂得做出讓步，很有可能導致同事之間關係破裂，甚至是彼此大打出手，最終不歡而散。如何有效避免這類的情況發生，最主要的是學會控制自己，不要衝動。

「36」

愈是追求安逸，就愈容易被幹掉

一 人要懂得「生於憂患，死於安樂」

如果你只是為了一時的輕鬆，連做自己的本職工作都覺得是一件繁瑣而厭惡的事情，那麼沒有人會願意用你。

二 工作不養閒人，團隊不養懶人

你不想做的工作，自然有人替你做。你愈是懶惰，就愈容易被辭退。

三 你對待工作的認真程度，往往決定着你職場的高度

言外之意就是說，別試圖在工作上得過且過，更別抱有混日子的心態去工作，你的上司不是傻子，真正的安全感是你做出令人滿意的成績，並且做得十分優秀。

曾經在一場高層的培訓課上，我和幾位素不相識的公司高層談到了用人的基本要求。有位高層的發言讓我記憶猶新，他說：「這麼多年來，我們公司一直在費盡心機找尋所謂的高學歷人才，確實也找到了不少。但讓人欲哭無淚的是，最終能夠被挽留下來的人才佔比數只有百分之二十，公司特別注重人才梯隊培養，也肯花錢。雖然他們僱請了一個又一個高學歷人才，但很多人卻因為粗心、懶惰、沒有危機意識、不上進、沒有做出滿意的成績等各種小原因而遭到解僱。」

當這位上司發言完畢之後，其他幾位上司也紛紛對此事發表了看法，在他們看來，他們在用人的時候也遇到過這種類似的情況。很多所謂的人才其實是因為自己對待工作的態度不積極，沒有優良的工作作風，甚至貪圖安逸而忽略了工作的實質內容，從而不了解公司的需求，所以最終遭到了解僱。

對於公司來說，解僱一個不能為其創造價值的員工太過習以為常，但對於員工來

說，因為自己的工作作風問題而導致被解僱實則是一種損失。在工作中，無論你是複合型人才，還是普通人物，要想得到穩定的發展，我認為一定要做到以下三點：

一 對待工作的態度要積極主動，不要將其當成是一項「苦役」

據我所知，很多職場人士對於工作的態度並不是積極主動的，而是應付了事。恰恰是這種負面的心理導致自己認知出現偏差，最終才會將工作當作是一種「苦役」，甚至產生抵觸的心理，結果到頭來一事無成。

如果身為職場人士的你也有這種心理，不妨學學影帝黃渤的應對態度，試着改變自己的認知，用積極的態度去擁抱工作，可以使工作變得更有意義，工作才會更有激情。

二 時刻懷有危機意識

在很多關於企業存亡與個人職場生存指南的文章中，我時常看到「時刻懷有危機意識」這句話。這句話頻繁出現恰恰說明了懷有危機意識與跳出舒適區的警示性。

三 學會發揮最大才能，實現自我價值

我曾經做了這樣一個調查，針對十位不同崗位的人士提及了這樣一個問題：「對待目前工作是否用盡全力了？」

最終得到了兩種答案：其中未盡全力的七人，佔比數百分之七十；盡全力的只有三人，佔比數百分之三十。其中在這盡全力的七人當中有四名是三年以上的中層管理人員，有三名普通員工；而恰恰盡全力的這三位都是不同企業高層、總經理。從得出的數據可知，往往對待工作全力以赴的人，得到的就愈多，諸如調查中的三位總經理，他們在工作中盡全力，發揮出的才能也就愈大，自然實現自我價值的機率也就愈大。

馬斯洛曾經定義何為「自我實現」的定律。

在他看來「自我實現意味着充分地、活躍地、無我地體驗生活，全神貫注，忘懷一切」。換言之也就是說，通往自我實現的過程中，更多的是以大局為重，並非是注重個人，應該是完完全全地獻身到某項工作或者事業中去。對於個體而言，也就是應該經常全身心地專注於某一件事情、某一項工作，這樣才能盡可能從「小我」走向「大我」的境界，更好的實現自我價值。

很多職場人士之所以在同一個崗位做了很多年還依舊沒有任何的進展與提升，並非是能力有限，而是專注度不夠，原本有十分的力氣可能只發了七分甚至更少。

所謂的發揮其最大的才能，實現自我價值，其實也就是分清場合與主次，在工作的時候就全力以赴的投身於工作中去。而後，想辦法完成那些你所認為很有挑戰性的工作，最終實現自我提升。

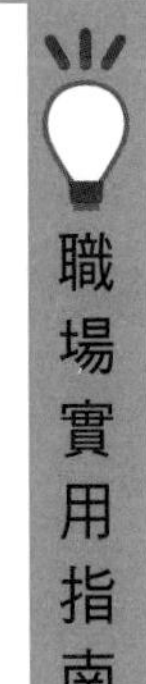

如果你將工作當作是一種負擔，一種苦役，從而不願意付出，那麼你對待工作的態度往往就能決定你職場之路的寬度。

37 背後議論他人是職場大忌

每一個團隊都可能有這樣一類人，他們總是喜歡在背後說別人壞話、無中生有、挑撥離間，甚至胡亂傳達上級下達的指令，唯恐天下不亂。這樣的人，時間一長會直接影響整個團隊的融洽氛圍，甚至會給團隊發展帶來很大的麻煩。

前不久，業績一直穩居前三的阿婷被公司辭退了，部門通知她辦離職手續的那天，她怒氣衝衝地跑到辦公室找人事經理理論，阿婷氣急敗壞地對人事經理說：「我做錯了甚麼，憑甚麼說讓我走就讓我走，論業績，我排名也是前幾，你們倒好，用人的時候甚麼都好說，不用的時候就一腳給踢了，如此無情無義，用不了多久，做得好的不統統都得被你們弄走。」

人事經理嚴肅地對阿婷說：「阿婷啊！我們都知道你是一個很有能力的人，而且還很能說，我們公司需要的也正是你這樣的人才；可是你知不知道，正是因為你的這張能說會道的嘴害了你。以後重新找工作了，一定要記得當說的話則說，不當說的話一定不要說啊！」

阿婷依舊不依不饒，在辦公室大鬧：「哪有你們這樣的，簡直就是過河拆橋，我算是看清了，你們都安的不是甚麼好心，只不過平時得罪了你們，公報私仇而已。」

人事部經理搖了搖頭，笑而不語。因為辭退阿婷是公司召集管理議會共同商議的結果，並非個人意思。因為阿婷雖然業績不錯，能說會道，但最終還是因為她的那張能說會道的嘴而讓自己被辭退。

某一次阿婷將客戶訊息給登記錯了，被總經理叫去罵了一頓。阿婷一出總經理辦公室逢人就說自己如何如何的委屈，總經理也太不通情達理，不就登記錯了個客人訊息就把她罵得狗血淋頭。這事一傳十，十傳百，天下哪有密不透風的牆，最後傳到了總經理那裏。

背後議論別人是一種不道德的行為，但我們工作中難免會遇到這樣的人，如果遇到了這類人，你又不能將他怎樣，你不妨這麼做：

一、尊重對方，善意地規勸對方；想辦法巧妙地引導對方獲得正確的做事方法。

二、反應冷淡。令這種人遠離你的方法是對任何有關傳聞的事反應冷淡，不作任何回答。

三、與其保持距離。如果對方喜歡當着你的面説東説西，搬弄是非，以至於對你的情緒造成負面影響，你可以藉其他事情進行推脱。

在一個團隊裏，如果有這樣的人存在，那麼這麼團隊勢必得不到安寧，他們不僅會搬弄是非，而且還會蠱惑人心，影響團隊運作與發展。如果你沒有權利辭了他，最好的辦法是遠離他。

職場實用指南

職場中，如不是自己親眼所見，親耳所聞，切勿在背後隨意議論別人、搬弄是非。如與事實不合，議論之言傳到別人耳裏，最終只會引發別人對自己的反感與厭惡，不僅對自己沒有任何益處，而且還會給自己職場發展帶來阻礙。

即使是一個很有本事的人如果不懂得提升自我的競爭優勢，那麼在不久的將來可能會面臨着被淘汰的局面。這是一個能者居上且人才濟濟的時代，在競爭壓力如此之大的職場中，你拿甚麼和人家競爭，這是一個不得不面臨的問題。多年之前很多人還能有一個「鐵飯碗」，然而很負責地說，在二十一世紀的今天，再也沒有所謂的「鐵飯碗」。懂得如何提升與打造自己的各項能力，才是你職業保障的唯一選擇。

CHAPTER 5

情商高的人，都懂得提升競爭優勢

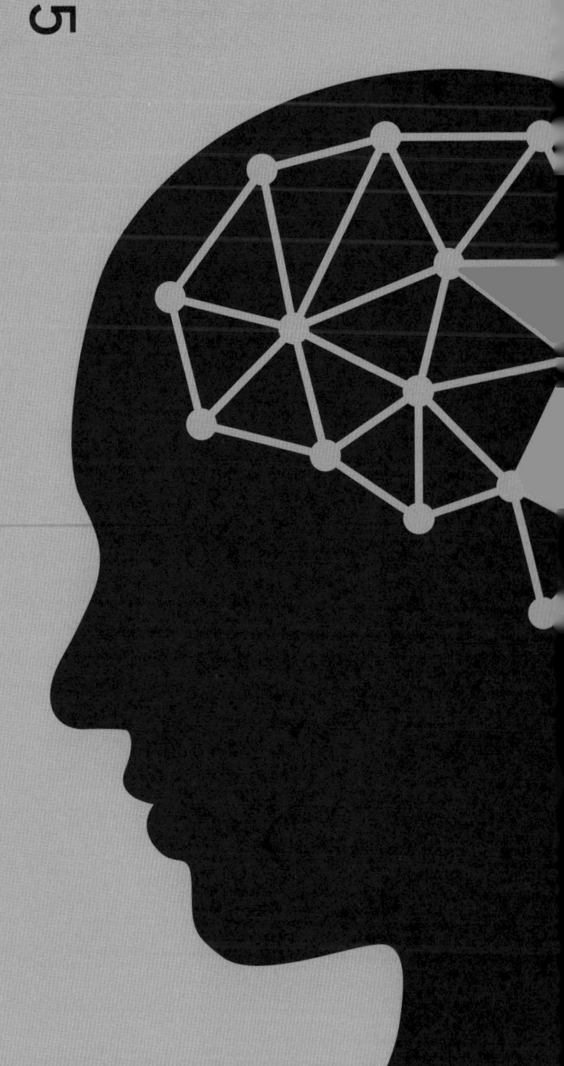

38 在職場，你拿甚麼和別人競爭

近來各種行業進行大規模裁員的消息震驚整個職場圈，引得所有職場人士都人心惶惶。許多人士表示，職場「鐵飯碗」的時代已經過去，隨之而來的是更嚴酷的競爭與考驗。

據統計所得，幾年前，許多職場人士選擇進入大型企業工作是因能有所謂的「鐵飯碗」一樣的榮譽，他們很自信地認為只要在大型企業工作，自己這一輩子就能安穩度日，不用再為了職業前途的發展而擔憂。而幾年後的今天，卻再也沒有人敢說自己端的是「鐵飯碗」，自己能夠安安穩穩地在一家企業裏面工作到退休，然後安享晚年。

時過境遷，滄海桑田，二十一世紀的職場早已不再是多年之前平穩的局面。文化多元化的普及、科技的飛速發展、人工智能的崛起，無疑預示着新時代的到來。

那麼如何才能更好地避免在這個日趨嚴峻的競爭環境中被淘汰，我認為需要做到以下四點：

一 時刻懷有危機意識，不要被短暫的「穩定」所迷惑

很多公司為了能更好的在這個條件惡劣的市場中生存下去，不得不選擇開源節流和更廉價的生產方式去經營公司。

所以，作為一名職場人士首先一定要改變自己的思想，「鐵飯碗」的時代已經過去，這個時代再也沒有所謂的穩定。

身在職場，時刻懷有危機意識，不要被短暫的「穩定」所迷惑，這樣才能讓自己更好地適應這個時代的發展節奏。即使有一天你面臨失業，也能用更平穩的心態面對。

二 打造一技之長，讓其成為你的硬實力

之前有很多朋友問過我這樣一個問題，職場中如何提高自己的晉升能力。我給他們的回覆是，學會提升自己的專業能力，盡量讓自己這方面的能力成為公司中無人可替的。

同樣的道理，想要在職場中不輕易被裁掉，一定要有自己的優勢，也就是所謂的一技之長，並且這方面優勢是被與工作相關的上司認同的。

比方說，你是一名普通的銷售人員，那麼你所要打造的一技之長就是向頂尖的銷售人員靠攏。只有這樣即使面臨着裁員危機，你也不會被納入裁員名單中。一旦你成為這個行業的頂尖專業人士，即使被裁，你也不愁，自然會有公司請你過去。

三　多學習，跟上時代發展的節奏

「學習是人類進步的階梯。」

三年之前，很少有人聽說過人工智能，三年後的今天，又有多少沒有聽過人工智能？即使很多沒聽過，機器代替人工的案例也不在少數。

所以，一定不要認為自己學富五車就可以不用學習，時代的發展遠遠要比你想像中更快。要想更好地掌握新的信息，更好地提升自己，最好的捷徑就是去主動學習。

現今的學習渠道很多，可以請名師指路，也可以去網上付費學習，還可以自學。學習領域內的專業知識，這樣才能很好地提升自己的競爭能力。

四 提升自己的認知能力

你和毫無志向的人在一起，可能會變得安於現狀；你和成功人士在一起，可能每天談論的是如何賺錢。這就是圈子不同帶來的不同的結果。圈子不同，認知就不一樣，格局就不一樣，胸懷自然也不一樣。

如何提升自己的認知能力，你需要做到以下四點：

（一）改變自己的交際圈子，遠離負能量之人。

（二）學會有選擇性地交友，遠離損耗自己內能的人。

（三）多與成功人士交往，提升自己的遠見與格局。

（四）不安於現狀，今天你不努力打造自己，明天就可能得努力找工作。

任何一個行業都無法百分百地掌控風險，他們所做的事只能將風險降到最低。同樣的道理，任何一個崗位都無法做到穩定，職場人士雖然不能改變就業趨勢，但可以改變自身的優勢。

職場實用指南

真正的安全感與穩定並不是來自體制內的庇護，而是來源於你自身的成長與所彰顯的競爭優勢。

39 在複雜多變的職場，學會打造自己

職場上一直流行這樣一句話：「工作不養閒人，團隊不養懶人。」

何為閒人，我認為閒人不僅僅是指做不好工作或者對工作敷衍了事的人，還應該將沒有追求、沒有目標、安於現狀、不積極向上的人納入其中。

一家連鎖清潔公司招的清潔員基本都是在四十到五十歲之間，四十歲以下的員工屈指可數。按理說，四十到五十這個年齡階段做清潔工作的人基本都沒有多少文化，也沒有太高的認知能力。

我看到他們公司的文化牆整整齊齊地張貼着每一位員工的目標與理想，以及實現這些目標的計劃。不僅如此，他們公司還採用績效考核制度，這意味着甚麼？意味着你稍不努力、不上進就有可能面臨着失業的局面。連一家清潔公司都這麼有危機感，更別說其他迫切想要發展的企業了。

所以職場是殘酷無情的，你不努力，隨時都會面臨着失業風險。面對這複雜多變的職場，下面我們就來說一說，如何才能更好地成長。

一　提高自身的職場認知能力

據調查得知，很多職場人士之所以在一個工作崗位待了很多年依舊一事無成，甚至沒有任何晉升的空間，除開崗位的限制之外，最大的一個原因就是認知能力不夠。

他們當中有的人可能覺得現如今的職場依舊是十年前的職場，只要做好自己的本職工作就可以穩端鐵飯碗。但如今的職場並不是如此，現在是能者居之的時代，即使是一個小小的崗位，你若是不努力，一樣會被人擠下去。

如果此刻的你還沒有危機意識，思想還停留在過去，那麼你真的該醒醒了，不然在不久的將來失業的那一個一定會是你。

二　不安於現狀，要學會突破舒適區，讓自己成長

毫無疑問，大部分人都喜歡舒適安逸地度過每一天，這樣既不糾心，也過得不累，多好。但我想說的是，當你生出這種想法的時候一定要時刻提醒自己不要向這種思想

靠近，不然真的會害了自己。

人要學會突破舒適區。即使你現在的工作環境很理想，但你得想想將來怎麼辦，想想身邊正在進步的同事，想想你的職位是否能夠保得住，想想那些迫切想要替代你的人，想想不進步就有可能被辭退等等情況。多想想你可能就會想方設法令自己成長。

三 多對工作進行總結，多學習

著名管理大師亨利．明茨伯格曾說過這樣一句話：「一個不懂得對過去工作進行總結的員工不是一個合格的員工，因為他可能看不清改進點在哪裏。」

只有學會對過去工作進行總結，才能找到自己的不足之處，才能更好地改正自己的缺點，最終讓自己得到進步。

四 學會站在老闆及上司的層面看待問題

你可能會說，我既不是老闆，又不是上司，為何要站在他們的層面看待問題？

職場上有一個所謂的「需求定律」，就是讓你學會站在老闆與上司的層面去看待問題，你才能更好地弄清楚他們想要甚麼。老闆與上司在研究你的時候，你也一定要學會去研究他們。只有搞清楚他們的需求，你才能更具有方向感地向他們靠攏，跟上他們的步伐。

總而言之，面對複雜多變的職場，想要更好地成長不僅要做到以上幾點，還應該學會提升你的專業能力、你待人接物的能力、你工作的綜合能力。最厲害的炒魷魚不是等到老闆炒你，而是你的能力無人可替，你隨時都有「不怕失業」的底氣。

職場中想要提高晉升能力其實就得提升個人的學習能力。你能會別人所不會的，能學習各崗位的流程與操作，能精通管理思維，能摸準客戶思維……那麼你就具備了一個管理者應有的才能，自然更有可能獲得晉升的機會。

職場實用指南

你能會別人所不會的，能學習各崗位的流程與操作，能精通管理思維，能摸準客戶思維。那麼你就具備了一個管理者應有的才能，自然晉升可能也就遠勝他人。

40 你的思維高度，暴露了看問題的角度

德魯克曾說過：「你思維的高度，決定着看問題的角度和出發點。」

朋友阿希說過這麼一個故事，他越來越覺得現在的很多九十後做事情不負責任。就拿他們公司來說，總共就招了三個九十後，結果上個月有一位因為失戀而沒有心情上班，一聲不響曠工三天，自動離職。最近有一個九十後，因為和女朋友鬧矛盾又一聲不響選擇了曠工。當部門上司打電話詢問他不來上班的原因，他回答得很乾脆：「心情不好，不想來上班。」

自從這兩件事發生以後，阿希的上司感到有些害怕，於是給人事部下令，以後針對入職的九十後，要提長實習期，這樣更有利於對其人品進行了解。

最近一份數據顯示，九五後換工作的頻率是七個月。而九十後是十九個月，八十

後是三年，七十後要到四年以上。

為甚麼九十後更換工作的頻率如此之快？我認為是以下這幾個原因造成的：

一　出生環境不同

相對而言，九十後出生的年代是一個物質較富裕的年代，他們從小過着衣食無憂的日子，沒有挨餓受凍過，自然潛意識裏覺得工作可有可無，因為他們即使不上班也不會挨餓。

二　在呵護與寵愛中成長

前段時間，我針對九十後做過一項調查，那就是從小在甚麼樣的環境中長大。調查結果顯示，他們大多數是在呵護與寵愛中長大的。

這也就間接地說明了，有部分九十後從小就沒有吃過苦、受過委屈，所以步入職場以後受不了制度的管控，受不了上司的批評與責備。

三 自我認知度不夠，對人生毫無規劃

自我認知即對自身的認識，由感知、思維、想法、視野等因素組成，這裏主要指意識還不夠成熟，分辨是非的能力欠缺，做事沒有原則。

至於人生的規劃，通過調查顯示，很多九十後並沒有想過自己以後要幹甚麼，過好當下就行。當然，還有一部分九十後很有主見，思維也足夠成熟，目標感也強，做起工作來很讓人省心，具備一定的抗挫能力。

四 正處於迷茫時期

每個人對於工作的認知都有一個過渡的時期，對於他們來說，目前年齡還很小，沒有真正體會到生活的壓力，玩心太大也純屬正常。

再者，對於他們來說，在哪裏上班都一樣，只要能養活自己，做甚麼都無所謂，這實則也是缺乏目標的一種表現。

當然，不僅僅是九十後面臨着這些問題。還有很多其他年齡階段的也面臨着這些問題。

有位八十後大叔對我說，去年他被某公司裁退之後便找了一家餐飲公司做保安，結果剛通過實習期就有了厭倦的心態，於是索性選擇不去上班了。直到現在，他依舊待業在家，他也很想出去找一份工作，但不知道做甚麼工作合適。照理說一位八十後的大叔做事應該很理智，畢竟在職場工作多年，對於換工作的態度應該比較謹慎，為何做事如此草率？說到底就是認知不夠，那該如何提高認知？我認為應該做到以下幾點：

一 找到適合自身的職業，學會做職業規劃

怎麼才能找到適合自身的職業，其實很簡單。可以尋找與興趣愛好相貼近的工作。如果沒有興趣愛好，那麼可以結合你自身的能力與想要追求的東西去選擇與之匹配的職業。再則，實在不知道自己喜歡甚麼，也可以選擇一門未來發展前景很不錯的技術去學習。

職業規劃即對於職業方向的定位，就像我之前所說，很多職場人士從來不去思考自己究竟適合怎樣的行業，只知道在這個行業幹得不爽就繼續更換其他行業。這樣的行為最終導致工作倒是換了不少，但是人卻始終很迷茫，不知道自己到底適合做甚麼，歸根結底是因為沒有做職業規劃。

做職業規劃之前先找好自己對於工作的定位，這個定位可以結合你的興趣愛好。比如你特別喜歡結交朋友，那麼你可以選擇去做銷售這個版塊，定位好了之後你就可以開始進行目標定位與計劃。

目標定位可以分為三個層面，即短期目標、中期目標、長期目標。打個比喻，你把自己的工作定位於一名厲害的管理人員，那麼你短期時間內要達到甚麼標準，中期又是甚麼標準，中期之後又是甚麼標準，要如何做才能達到這些目標等等。這些你都要提前做出計劃，那樣才能更好地完成目標。

二 擺正自身的工作態度，學會自我評估

我們學校有一句非常顯眼的標語即「態度決定高度」，這話說得一點都沒錯。我們要調節自身的態度，做好分內的工作，還得時常問自己這樣幾個問題：你是否對工作滿意？你對待工作究竟是認真還是敷衍？究竟是為了混時間還是想成長？這樣才能更好地進行自我評估，找到自己的缺點，然後改正。

三　建立個人做事原則，不隨意動搖

一個做事沒有原則的人很令人討厭，因為他們做事不僅不會讓人省心，還會缺少主見，很有可能自己已經下了決定的事情，在聽了別人的意見之後便隨意動搖了。

尤其是在工作中，一定要有個人的做事原則。該認真工作就一定要認真工作，不要因為自己的情緒低落或者受他人的影響而隨意改變自己對於工作的態度。否則，只會讓身邊的上司、同事覺得你做事太不可靠，難以擔當大任。

職場實用指南

不要做一個讓人覺得沒有任何責任心與擔當的人。如果分不清場合，經常做有損自身信譽的事，那麼只會讓自己越來越失信於人。這樣無異於將自己推向深淵，使自己終究難以得到認可。

41 你的態度，暴露了你的認知程度

有位朋友問了我這樣一個問題，他說：「肖老師，我入職十年，始終在流水線上工作。薪金待遇雖然很不錯，但我依舊感覺自己一無是處，我該怎麼辦？」

每天與流水線打着交道，是導致這位朋友覺得自己一無是處的最大原因。很顯然，他在這份工作中找不到任何存在感與目標感，也缺乏相對的安全感，因為他每天做的工作都是重複單一的與流水線打交道，不具有任何的挑戰性。因此他覺得自己一無是處也純屬正常。

我告訴他，想要改變這種現狀有兩種可行的方法：

一　調整好自己的心態

既然已經在流水線上工作了十年，那麼就必須得重新找回工作的快樂感。只有重拾對工作的熱情，才能更快地找到自身的存在感。

二　大膽走出去

說實話，流水線的工作不具有任何挑戰性與安全感，是最容易被替代的工作。再加上人工智能的崛起，現在很多大廠房裏面早已經在慢慢淘汰掉這一崗位。所以如果現在不試圖轉行，一旦面臨被淘汰的那一天，一定會手足無措。

這位朋友後來也表現出了懊惱。他接着告訴我說：「我也考慮過換工作或者轉行，但到了我這個年齡，我也不知道做甚麼合適！」

「你有沒有甚麼興趣愛好？」我問道。

「有，我對修車比較感興趣。」他回答。

「那麼可以試着向這個行業靠攏，汽修這個行業未來很有市場，可以去學。」

「可是我現在都三十多了，還能學嗎？」

「還很年輕，現在如果不學，以後當你失業的那一天，你才會真正地感覺到一無是處。」我告訴他。

他半信半疑，但因為心裏有很多的不確定，最終還是決定繼續回到流水線上工作。我也不好繼續再說甚麼。

現實的職場中，類似這位朋友的例子很多。他們大多都幹着自己不喜歡的工作或者容易被別人替代的工作。他們也知道未來職場競爭一定非常的殘酷。一是由於人工智能的崛起會導致很多崗位的人失業，二是由於自己所做的工作沒有任何的競爭能力。即使他們明白這些東西，也想要改變現狀，但最終卻因為沒有勇氣踏出第一步而放棄這些想法。這也就是很多人所說的職場舒適圈，很多人想跳出這個圈子，但又缺乏勇氣。

那麼該不該跳出舒適圈？又該如何跳出舒適圈？我認為需要做到以下三點：

一、該不該跳出舒適圈？前提是得衡量當前工作是否可代替性強。曾去參觀了一家大型的工廠，據工廠老闆介紹，去年上半年的時候他們工廠所有員工加起來共一千一百多人，今年已經減了一半。不是商品銷路不好，而是他們引進了大量的智能機器，這些機器現在已經替代了流水線、包裝線、分揀線上的員工，而且這些機器基本不會休息。雖然引進的價格相比對較高，但長期來看，同人工相比更為省心、省時。

我之所以要重點強調工作的可替代性，就是因為失業危機無處不在，也許你今天興高采烈地上班，明天就會接到老闆的辭退通知。不是老闆無情，而是你無能。

所以，如果當前的你所做的工作是誰都可以做的、比較單一化的，即使待遇再好，你也可以考慮更換工作或者申請調職。同樣，你也可以考慮先做着這份工作，再利用業餘時間去學習其他技能，以此來強化自己。

二、找到自己的興趣愛好，沒有興趣愛好就選一個未來比較吃香的行業，打造一技之長。每個人的興趣愛好各有不同，有的喜歡打麻將，有的喜歡機器維修，還有的喜歡同他人打交道等等。你不能說你喜歡打麻將，以後就以鑽研打麻將的技術為生，這是一個不切實際的想法，打麻將頂多是個業餘愛好。以興趣愛好為業的前提是建立在現實的基礎之上。比如喜歡機器維修，就去學機器維修；喜歡與人打交道，就去鑽研銷售等。

結合當下行業的發展趨勢，做出合理的選擇。比如說，現在的汽車維修行業，雖然髒了一點，但是個有前途的行業，你可以選擇去學汽車維修。還有很多技術性的行業一時半會兒淘汰不了，你都可以去學，至少以後混口飯吃不成問題。

再則，學一行就要愛一行，更要深入一行。所謂的術業有專攻，就是這個道理。你每做一個行業都得想方設法將其發揮到極致，那樣你的買主才會越來越多。

三、時刻懷有危機感。危機感是個甚麼東西？就如同你在前面奔跑，後面有一群饑餓的狼在追捕你。即使你現在奔跑的速度已經很快把餓狼甩了很遠，但你也不能停下奔跑的腳步。因為你會發現還有更多的餓狼對你心懷不軌，稍不注意，你就會成為餓狼口中的美味。這裏的餓狼其實代表是的行業的發展趨勢與競爭壓力，你如果停滯不前，就會被更多的人反超。

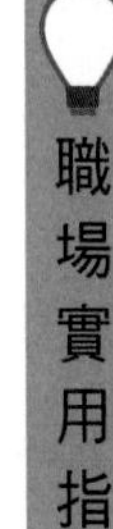

職場實用指南

跳出舒適區，你可能會苦一陣子；但不跳出舒適區，你可能會苦很久。

42 學習高情商的人擁有的特質

很多職場人士可能會有這種體驗：某某同事資質平凡，做事的能力也與自己不相上下，但是他不僅和上司走得很近，而且還能得到上司器重，最後升職加薪的還是看起來跟自己差不多的他們。

據我觀察發現，但凡在職場中遊刃有餘的人，無論是基層員工還是管理層上司，都深諳職場為人處事之道。

也就是說，職場高情商的人，都有這些特質，如下：

一 喜歡透過現象看本質，不直接下論斷

「人云亦云」是很多人的通病，職場上因為別人的胡亂下定論而被無意傷害過的人

不在少數。

職場中，如果不是親眼所見，親耳所聽，那麼關於別人的閒話一定不要太過在意，因為這並不影響你工作，更不要背地裏説人家的不是或者妄下結論。亂傳閒話對自己沒甚麼好處，不僅會得罪人還會讓自己陷入僵局。

古人有云：「人後不議人是非，不妄下論斷，是大智者耶。」雖然很多人沒有古人那種豁達的胸襟與智慧，但要想做到不議人是非、不妄下論斷其實很簡單，只需學會管好自己的嘴，學會透過事物現象看本質即可。

二 學會換位思考

換位思考是門藝術，也是門學問。

職場中那些遊刃有餘的人，大多都懂得換位思考。為甚麼這麼説？因為他們懂得站在對方的角度考慮問題，所以避免了很多不必要的誤會與矛盾。

同事之間換位思考，能讓對方覺得自己是一個通情達理之人，也更容易獲得同事的好感與認可。俗話説：「得道多助，失道寡助。」一個經常為對方着想的人，能夠很快看透別人的需求與困惑，也能在必要的時候對其提供力所能及的幫助，還能避免同事之間很多不必要的矛盾糾紛，維護同事之間的友誼，樹立自身的形象。

三　懂得從對方的利益出發思考問題

其實這一點與換位思考是一個道理。

在利益面前，尤其是在職場上更能凸顯出一個人的品格的，能從對方利益出發思考問題。對於上司、同事來說，這類同事真的很稀缺。

我見過很多職場人士因為貪圖小利，深受同事反感與排斥。到頭來，同事之間的關係處得很僵不說，而且還給自己憑空添堵，落下了不好的名聲。無可否認，在利益面前，很多人都忍不住自己的貪欲，但對待利益的態度，還是應該遵循「取之有道」的法則，屬自己的當仁不讓，不屬自己的也別據為己有。

在維護自身利益之前，讓別人有利可圖，才能更好地達到雙贏的目的。

四　適當保持距離，給對方留空間

相信很多人都聽說過刺蝟法則，刺蝟法則說的是這樣一個十分有趣的現象：在一個寒冷的冬季，兩隻睏倦的刺蝟因為冷而擁抱在了一起，但是無論如何牠們都睡不舒服，因為牠們各自身上都長滿了刺，緊挨在一塊就會刺痛對方，所以睡不安寧。知道這個問題之後，兩隻刺蝟就離開了一段距離，可是又實在冷得難以忍受，於是就又抱在了一起。折騰了好幾次，最後牠們終於找到了一個比較合適的距離，可以互相取暖。心理學家說，刺蝟法則就是人際交往過程中的「心理距離效應」。

工作中，人與人之間的交往也是如此，無論多好的關係，都要保持適當的距離，因為距離往往會產生一種美感。正因為有了這種美感的存在，才能長久地維持這種關係。

作為上下級關係來講，上司與下屬保持一定距離，可以避免彼此的緊張，可以減少下屬對上司的恭維、奉承等行為。這樣做既可以獲得下屬的尊重，又能保證上司在下達工作指令之時不會處於被動狀態，在工作中不會喪失原則。對於「親密」的同事關係來說，能擁有彼此的獨立空間，適度的距離，更能在對方心裏留下好的印象。人無完人，彼此走得愈近，就愈容易將缺點暴露給對方，最終往往會更容易遭到對方反感。

職場流行這樣一句話：各謀其位，各司其職。學會分清場合，掌握好距離，講的實則就是這個道理。

五 說話要有尺寸之分，能說則說，不能說一定不要說

職場上和同事、上司交往不比與最親近的人交往那般，可以無話不談。即使是很親密的同事關係，有些話當說則說，不能說堅決不要說。

說話把握尺寸，是職場人士的必修課。

人前人後不說人是非，就是最好的德；別人說聽後不亂傳也是德；懂得尊重上司、尊重同事，實則也是優良品德的一種體現。

高情商的人都有一套職場交談的專業術語，這套術語圓滑，摻雜着智慧，即使是得罪人的話，藝術形式也非常飽滿，而不是意氣用事，出口成髒。

六 能掌控好自己的情緒

美國作家丹尼爾．戈爾曼在暢銷書《情商》中寫道：「你能管理好自己的情緒，就有一定的內在修養，你也就能好好說話做事。」意思也就是說，一個能掌控自己情緒的人，必定是一個有內在修養的人，他們懂得如何說話做事，懂得如何照顧別人的感受。當然，這裏的好好說話、做事並不是指你說的話讓別人無法應答，而是能很愉悅、很順暢地與人溝通。在工作中與上級、同事建立了良好的溝通基礎，自然很多關

於工作的問題也就迎刃而解了。

心理學家們做過一項關於情緒的調查，數據結果顯示：與人溝通，只有百分之三十是真正想要表達的內容，而剩下的百分之七十則是情緒。眾所周知，很多時候人的情緒真的很難掌控。比如當你憤怒生氣的時候，和別人溝通交流可能會帶着情緒，說不準一言不合就爭得面紅耳赤甚至是不歡而散。這種做法看似是你佔了上風，實際上只會導致雙方的關係越來越僵硬，矛盾也會越來越嚴重。

網上一直流傳着這樣一句話：「情商低的表現就是不會掌控自己的情緒。」這樣的人，無論是在工作中還是在生活中，總喜歡以情緒為中心，以自我為中心。心情好的時候別人說甚麼就是甚麼，凡事都有商有量；心情不好的時候，自己說甚麼就是甚麼，很少會顧及別人感受。與同事爭論不休，與上司爭辯，最終不得不獨嘗情緒帶來的苦果。

職場實用指南

情商高的表現就是讓自己感到舒服的同時，也能讓別人感到舒服。這類人處事圓滑，能夠看清自身的優點與缺點，他們身上都具備以下幾種特質，這些特質能為他們的職場之路保駕護航。

43 讓自己具備跨出舒適區的勇氣

收到網友阿琴的來信，阿琴說她最近做了一件自認為非常正確的大事，那就是炒了上司魷魚。她主動炒上司的動機很簡單，就是上司經常會因為她的工作沒做好而罵她，更讓她無法接受的是其他同事同樣沒有做好，上司卻並沒有罵他們，這讓阿琴覺得上司非常的不公平。

當阿琴將離職申請交給上司的時候，上司只說了這樣一句話：「說實話，我想聽你辭職的真正原因。」阿琴一五一十地回答道：「受不了你的脾氣，您經常罵我。」上司聽完之後，便果斷簽了字，並扔下了一句話：「沒有大格局的人，不值得培養。」

事後，阿琴非常後悔，怪自己太衝動沒能理解上司的意思。但後悔也無濟於事，因為職場中有些機會一旦錯過就真的錯過，有些好意一旦被扭曲就真的沒有挽回的餘地。

阿琴問我怎麼辦，我只能回覆：「事已至此，上司既然已經決定給你簽字了，那就說明已經決定放棄你了。如果你心有不甘，可以主動再去找上司談，但前提是一定要放下顏面，做好被拒之千里的心理準備。」

上司對阿琴說了這樣一句話：「沒有大的格局，不值得培養。」何為大的格局？通常來說，格局是由一個人的志向、胸懷、氣度、視野等組成。就拿阿琴來說，她缺少的最重要的因素便是視野。上司經常批評她，對她要求嚴格在她眼裏是有意針對她，但如果她視野能夠開闊一點，一定就會看到上司對她的「別有用心」。

其實一個職場升職要訣：上司罵你，並不是有意針對你，其實很大程度上是在培養你，培養你做事的認真仔細的能力，培養你的抗挫能力。沒有誰會有事沒事地罵你，既浪費時間又不討好，除非你的上司真的很閒。

這也就間接地告訴我們，很多時候看事情不要只看事物表面，要結合實際情況看到事物的本質。不要貿然下定論，有些看似折磨你的人其實是在讓你更好地成熟與成長。

作為一名合格的員工，一定要學會接受批評與責罵，盡管你會產生抵觸情緒，也一定要用平和的心態去對待這件事情。

至少，學會接受責罵與批評會讓你有以下幾種提升。

一　抗挫抗擊打能力的提升

阿潔剛來公司的時候內心非常的脆弱，上司批評責罵她或者同事排擠她會受不了，甚至背地裏偷偷抹眼淚。還有時候做一項工作完成一半，她會因為太難便退縮。

後來，上司就想了一個辦法用於強化她脆弱的心靈。上司依舊會批評她工作做得不到位，但批評過後會表揚她做得好的一面，事實證明這個方法很奏效。一段時間過去了，上司一改往日的作風，批評歸批評，責罵歸責罵，不再附加其他表揚，沒想到阿潔面對上司批評的時候再也不會閃躲，而是虛心接受。

之前的她做工作會因為困難而逃避，一旦想到工作完不成會被上司批評責罵，她便想方設法地將其完成。

有些時候，不要低估了批評與責罵的力量。雖然它有時能挫傷一個人的積極性，但它也能成為一個人前行的動力。同挫傷一個人的積極性相比，成為一個人前行的動力更具有意義。

二　積極心態的提升

正如之前所言，很多事情都具有雙面性。有些人會因為批評責罵而變得心性浮躁，大大降低工作的積極性。這類人大多更喜歡聽褒獎之類的話，但人無完人，任何人都有做錯事的可能，尤其是在職場做錯了就應該受到相應的責罰。

但還有一類人，他們學會在批評與責罵中成長。他們懂得上司的不易，為了盡可能地得到上司的認可，在工作中也會要求自己做到最好。

三 晉升能力的提升

如果你在競爭激烈的工作場合待過，一定會有這樣一種感覺，所有人都是快節奏的工作方式，對於每一項工作的完成都有一定的時間限制，但凡誰超時或者沒能按時完成，最終都會主動簽罰單，甚至會得到上司相應的批評。然而，被批評的同事通常不會再犯同樣的錯誤，這就是最快速的成長方式之一。

當下職場的發展速度讓人有些措手不及，以前可能憑着一紙文憑就能得到很高的待遇，比如你可以自由選擇上司、工作。但現在不行，如果你無法適應上司的管理方式，無法全身心投入到工作中去，那麼最終可能會面臨着被辭退的風險。

職場實用指南

很多時候看事情不要只看事物表面，要結合實際情況看到事物的本質，不要留然下定論，有些看似是在折磨你的人其實是在讓你更好地成熟與成長。

遠離四種人，你才會成功

曾經有人做過這樣一個實驗：他們將一個整理個人內務非常棒的人扔在一群邋遢的人中去生活。兩周之後，這名整理內務很棒的朋友成功被他們影響，也變得邋遢起來，不再整理個人內務。這也就證明了環境能夠改變一個人，包括行為舉止、習慣甚至是意志。所以，如果你沒有超強意志那麼我建議你一定要在職場中遠離這幾類人：

一 遠離茫然、無毅力、無追求之人

這個不難理解，很多人之所以在一間公司做了很多年依舊是一個小小的職員，根本原因不外乎這兩點：一是沒目標，二是沒追求。

一個有目標且肯為之付出行動的人就算能力再小也會有進步的空間。即使上司不提拔，但看在你敬業、樂業的精神以及對於工作積極的態度上，至少也會給你漲點薪水。平庸不可怕，可怕的是平庸的同時還自以為是地認為工作落到了實處。

馬雲曾說過：「很多人對於夢想的追求基本都在晚上，晚上想出千條路，早上起來走原路。」這就是毫無毅力的表現，很多人的夢想就是被這樣毀掉的。所以，如果你身邊有這種喜歡大話連篇、懶惰、平庸、無毅力、沒有任何實幹精神的人，請你一定要保持距離，你與之接觸得愈深，愈可能被其影響，淪為與他一樣的人。

遠離負能量、喜歡抱怨的人

為甚麼很多公司在決定是否給一個人新人轉正的時候會考核其人品？其中有一點很現實的原因，那就是衡量此人對於團隊的發展是否有影響。

之前在同很多老闆交談時，他們針對用甚麼樣的人提出了相同的看法，負能量、喜歡抱怨的人堅決不能用，即使能力很強。

這類人無形中會起到降低團隊士氣的作用，對團隊的發展會造成很大的影響。

職場中，抱怨可謂是一劑毒藥，它不僅能影響身邊的同事，還會令整個團隊被感染。

你看，這就是抱怨的「厲害」之處，它不僅能影響一個人，還能在人群中無形地傳播，影響身邊更多的人，但凡沒有一定的自控能力，終將被它所掌控，變為情緒的奴隸。

同樣如此，身為職場人士一定要遠離這類人。他們同樣會影響你上班的情緒、心情，乃至於工作的開展進度。一定要主動去靠近給你正能量的人，那些才是真正的益友。起碼來説他們不會害你，只會讓你越來越積極進取，越來越有活力。

三 遠離自私自利、見利忘義之人

這類人必須遠離。

雖然人性如此，人們都喜歡為自己的利益着想，但這得有個度。一味地為了自己利益而不考慮他人利益的人應當遠離。因為這類人做事通常毫無原則與底線，只要能夠獲利，所謂的道德底線不值一提。一旦有一天你影響了他的利益，他同樣會為了維護自己的利益而不擇手段地傷害你。

聰明人都懂得互惠互利，合作共贏。只有愚蠢的人才自私自利、見利忘義，如果你身邊也有這樣的人，一定要遠離。

四 遠離沒有感恩之心的人

一直以來無論是在職場還是生活中。「身懷感恩之心」是人們不可逃避的話題。

現在很多企業都喜歡有感恩之心的員工，往往這類員工更受老闆歡迎，即使能力差一點，公司也不會輕易將其淘汰掉。老闆喜歡的人必定有感恩之心，懂得對個人感恩才能更好地維護友誼，懂得對企業感恩才能將工作做得更好。一個不懂得感恩的人是不會有擔以重任的機會的，老闆會質疑其為人，員工也不會支持他。

感恩是一種處世哲學，是一種生活態度，是一種優秀品質，是一種道德情操。

沒有感恩之心的人，就算你對他再好，他也不會記得，因為在他們看來這一切都是理所應當。

如果你身邊有以上這幾類人，請遠離他們。他們不僅不會給你帶來任何益處，相反還會拖累你。能影響一個人的除了語言之外，還有你和他走得太近的距離。

職場實用指南

有很多職場人士發展受到阻礙並非是因為上司的不看重，而是因為身邊的同事。如果你沒有太強的自控能力，選擇和甚麼樣的人在一起，你就會成為甚麼樣的人。

你離優秀人士還差多遠

現實中，那些喜歡研究他人成功的人士，都只會盯着別人的表現去看，而頂尖的成功人士往往只會向前看。一麥之所以能在短短幾年時間裏獲得巨大的成功，就是因為他一改往日研究成功人士的作風，一心盯着自己的目標奮鬥。

頂尖的成功人士都知道，他們花在觀看競爭對手與研究成功人士上的每一秒時間其實都是浪費。與其如此，不如利用這些時間來更好地提升自己。

別人憑甚麼比你優秀？你離成功人士究竟還差多遠？以下是成功人士的幾個共同特質，你也可以將其運用到你的工作中去。

一 他們懂得利用時間打造自己，而不是去研究別人

「要不要研究別人？」

「要不要學習別人成功的套路？」

「要不要學習別人管理的精神？」

很多職場人士認為很有必要，其實不然。成功人士固然有他的方法，但是他的方法並不一定適合你，所以探索出適合自己的發展模式遠勝於研究他人。

成功人士都懂得利用時間來打造自己的競爭實力，他們不會隨意拿自己與別人去做比較，更不會隨便套用別人的成功模式。

演說家哈爾·埃羅德說：「當你對生活中所有的事情承擔起全部責任的那一刻，你就擁有了改變生活的力量。」

所以，一旦你清楚你想要得到甚麼的時候，你就應該對自己做出改變，努力活成自己所追求的樣子。

二　堅定不移的信心與信念

「從你自己否認自己的那一刻開始，你的人生已經輸了。」

你是不是會因為工作遭受挫折而想要逃避？會不會因為客戶的刁難而想要退縮？會不會因為老闆的挑剔而想要抱怨？大多數人的心態都有局限性，可能悲極一時，就會被這些負能量所影響。

但成功人士不會，即使他們遇到挫折與困難，也會迎難而上，他們不會找理由與藉口，更不會退縮，而是始終用堅定的信心與信念來面對，這正是很多普通人士所缺少的特質。

三　懂得篩選社交圈子

「你同甚麼樣的人交往，你就會成為甚麼樣的人。」

也就印證了這樣一句真理：離你最近的東西對你的影響最大。正如營銷大師吉姆·羅恩所說的那樣：「你是你相處最久的五個人的平均值。」

只有這樣，你才能變得更強。

一定不要忽視關係的重要性，你所接觸的圈子，往往會決定你人生之路能走多遠。

你要學會與比你標準還高的人做朋友，那樣你的標準也會隨之提高，你也會有源源不斷的動力。要讓自己多和那些能夠提升自己的認知和能力水平的人在一起。

46 學會做一個高效能人士

「為甚麼你信誓旦旦為自己制定的工作目標經常不能如期完成？」

「為甚麼你說好的早起卻又因為天氣的寒冷而屢屢賴床？」

「為甚麼你決定每天看一小時書籍卻總被手機耽誤，佔據了時間？」

因為你做事情沒有效率，歸根結底，最大的一點原因就是你不夠自律。自律者都是高效率者，他們具有很強的目標感，更不會因為某些外在原因而隨意改變自己的作息時間。

創辦商業帝國的李嘉誠先生，幾十年來每天早上5點起來跑步；創辦新東方的俞敏洪先生每天堅持讀書，哪怕放棄假期；阿里巴巴創始人馬雲先生，即使再忙，也會每天堅持學習。別再說你很忙了，你再忙也沒他們忙！

真正高效的人生都是自律的人生。

古人云：「人貴有自知之明。」

也就是說人生應該從自知開始。一個人若不能做到自知，那麼做事情只會隨心所欲。只有先認識自己，才能更好的約束自己。

究竟該如何正確認識自己？

一 找到自己的弱點，並加以改正

事實上我們每個人都能認識自己的長處，但無法看清自己的短處。認識自己之前，一定要找到自己的短處，然後加以改正。

比方說你害怕與人打交道、與人溝通，那麼此時應該想方設法克服自己的弱點，學會主動與人交談。再比方說你害怕早起、害怕寒冷，就得克服自己的心理障礙，待鬧鐘響起之時便立即起床。

一個壞習慣的養成可能只需要一時，一個好習慣的養成卻至少需要大半個月。

二 找到自己的價值所在

當你覺得自己一無是處或者迷茫之時，不妨問自己這樣兩個問題：

「你的強項在哪裏？」

「你的專業能力又是甚麼？是與人溝通還是銷售或者其他？」

當你找到自己的強項之時，要做的就是盡可能深造自己的強項，讓其成為自己發展路上的助力。強項並不等於專業能力，專業能力是你本身所具備的職業能力，比方說你的職業是演講，那麼你一定要具備的專業能力就是演講的專業知識。

三 養成準時完成工作的習慣，盡量從一份工作中獲得成就感

凡是在職場中有所作為的人都有一個共同點，那就是決不允許自己的工作超時完成。

一個把自己的全部心思都放在了工作中的人並不一定能取得成功，但沒有把心思放在工作中的人，是一定不會成功的。因為後者一是得不到上司的認可，二是得不到同事的支持，三是難以做出滿意的成績。

養成準時完成工作的習慣對於職場人士來說尤為重要，這考驗的不僅僅是一個人的工作能力，更能考驗一個人的人品。

曾有人私信問我，為甚麼他在工作中只是感覺為了完成任務而工作，絲毫沒有愉悅感？

有這種感覺的最大原因是在工作中沒有找到成就感，成就感不僅僅是一個人前進的動力，更是職場競爭的核心點。

四 堅持學習，堅持養成好的習慣

「為甚麼要學習？」這是我最近聽到出現頻率最多的問題。

學習使人明智，能有效增長一個人的智慧，能拓寬一個人的認知層面，能豐富一個人的見識，還能提升一個人的格局，更能增加一個人的競爭能力。

說到底，現代職場競爭能力的高低也就是一個人本事的高低。本事分為兩個層面：一是專業能力，即核心競爭力；二是專業能力以外的其他能力。

能力如何才能得到增長？依靠平常工作中總結的經驗是遠遠不夠的，還需依靠學習來填充自己的不足之處。

堅持養成好的習慣，如堅持每天閱讀、跑步、寫字。這些習慣一旦養成，會有利於你建立目標，強化自身的執行力。

培根說過：「習慣真是一種頑強而巨大的力量，它可以主宰人的一生。因此，人從幼年起就應該通過教育培養一種良好的習慣。」由內而外地重塑自己，必將受益頗豐。

職場實用指南

真正高效的人生都是自律的人生。一個把自己的全副心思都放在了工作中的人並不一定能取得成功，但沒有把心思放在工作中的人，是一定不會成功的。

快速加入職場勝利組！

一書學會46個上班必修EQ術

著者
肖軍

責任編輯
李穎宜、陳芷欣

裝幀設計
鍾啟善

排版
辛紅梅

出版者
萬里機構出版有限公司
香港北角英皇道499號北角工業大廈20樓
電話：2564 7511
傳真：2565 5539
電郵：info@wanlibk.com
網址：http://www.wanlibk.com
http://www.facebook.com/wanlibk

發行者
香港聯合書刊物流有限公司
香港荃灣德士古道220-248號荃灣工業中心16樓
電話：2150 2100
傳真：2407 3062
電郵：info@suplogistics.com.hk

承印者
美雅印刷製本有限公司
香港觀塘榮業街6號海濱工業大廈4樓A室

規格
32開（210mm × 142mm）

出版日期
二〇二〇年九月第一次印刷

Published and printed in Hong Kong.
ISBN 978-962-14-7294-6